趣味儿汉字

张志诚　著

台海出版社

图书在版编目（ＣＩＰ）数据

趣味儿汉字：插画版 / 张志诚著. --北京：台海出

版社, 2013.11

ISBN 978-7-5168-0308-0

Ⅰ.①趣… Ⅱ.①张… Ⅲ.①汉字—通俗读物 Ⅳ.

①H12-49

中国版本图书馆CIP数据核字（2013）第251354号

趣味儿汉字

著　　者：张志诚	
责任编辑：王　艳	
装帧设计：视界创意	版式设计：刘　娜
责任校对：董宁文	责任印制：蔡　旭

出版发行：台海出版社

地　　址：北京市朝阳区劲松南路1号，邮政编码：100021

电　　话：010-64041652（发行，邮购）

传　　真：010-84045799（总编室）

网　　址：www.taimeng.org.cn/thcbs/default.htm

E－ｍａｉｌ：thcbs@126.com

经　　销：全国各地新华书店

印　　刷：北京一鑫印务有限公司

本书如有破损、缺页、装订错误，请与本社联系调换

开　　本：797×1092　　1/16	
字　　数：96千字	印　　张：13
版　　次：2014年5月第一版	印　　次：2021年6月第3次印刷
书　　号：ISBN 978-7-5168-0308-0	

定价：　29.50元

自 序

1949年夏末秋初的一天，当我背着母亲用旧布缝制的小书包，走向村东那个被称为学校的东倒西歪的破土房子时，我一辈子和汉字打交道的命运大概就这样决定了。因为当时我们村子归属辽西省（后于1954年划归吉林省）双辽县管辖，而往西4里的苏伦村归内蒙古科左后旗，往东8里的巴西村归内蒙古科左中旗。可能是当时政策，归内蒙古的村子里的孩子学蒙文，归辽西省的学汉文。于是，我这个从小只会说几句骂人的汉话的蒙古"昂嘎"（孩子）就上了村子里唯一的小学——那个只有一个老师、十来个学生的硬井子（蒙名"哈都呼都嘎"）初级小学，开始学习汉文。

因为历史的原因，硬井子分成东西两个街（音gai），东街住的大都是汉族，西街住的基本上是蒙古族。我家住在西街，学校在东街，离家有三里来地，我便每天来回走着去，不论刮风下雨。由于学的是汉文，加上常和东街的汉族同学来往，我的汉语长进很快，几年后汉话说得溜溜的了，汉字也写得像模像样，常受老师表扬。

西街的孩子们由于语言障碍，加上家长们对念书不那么重视，念着念着就没剩几个了，几年后只有我考上了高级小学（五六年级）。硬井子没有高级小学，30里外的郑家屯有，于是，望子成龙的父亲就把我安顿在郑家屯北吉

兴村他朋友谢平家，让我在吉兴完小上学。在这两年中，由于常去街里的新华书店或小人书摊上看书，也由于交了一个善讲故事的同龄朋友李广林，上下学路上，他几乎每天都给我讲《大八义》《小八义》《罗通扫北》等故事，使我渐渐对汉文学产生了浓厚的兴趣，后来上高中偏文科，读大学学的是中文，工作后从事的又是文字工作，大概都和这段经历有关系吧。

我常联想：文学创作好比盖房子，汉字就是一块块砖头，作家其实就是一个设计师兼码砖的工人（所以有作家戏称自己是"码字"的）。有人码得好，建成了高楼大厦，更有如莫言们，盖的几乎是宫殿了；有人码得差些，盖的是矮楼平房或灰头土脑的陋室。我在业余时间也码了一些字，可惜技艺长进不大，盖的充其量也就是些茅棚草舍，且大都龟缩一角，默默无闻。

我这辈子干的主业其实是当编辑——大约如建筑行业里的监理——常给别人"修理"文字，又称"为他人做嫁衣裳"。无论是搞报纸还是期刊，在长达三十多年的"修理工"生涯中，几乎无一天不和汉字打交道，汉字这个"砖头"成了我生命中须臾不离的"影子"，一个个汉字把我的生活串联起来，我的生活中也融进了汉字的精髓和灵魂，因而变得丰富多彩，于是，我和汉字便有了一个个让自己感动、回味、咀嚼的故事，这就是这本小册子的能够形成胚胎，以至成型，最后出生的一个基础吧。

胎儿成熟后必然要降生，不然，"胎死腹中"会危及产妇生命。这本小册子的命运尽管不会危及什么，但既然成了"胚胎"，就还是希望它能"生"出来，这需要机会的"阵痛"。给它机会的是台海出版社的编辑们，面向青少年的一套《汉字魔方》丛书有幸把它收容了进去，使它有了和读者见面的荣幸。在这里，我要感谢出版社的编辑们，感谢《汉字魔方》丛书的创意者，往前数，也要感谢硬井子小学、吉兴完小的老师们，是他们给了我汉字的启蒙，还要感谢那个60多年没有谋面、至今不知他在哪里的朋友李广林，是他在上下学路上的故事把我带进了汉文学瑰丽的天地。

汉字有着几千年悠久的历史，有着魅力无穷的内涵。汉字的主要结构形式形声、象形、会意，在形成、发展过程中，其变化、演绎、代谢、更迭，就像我们小时候玩的万花筒，又像后来出现的魔方，斑斓纷呈，奇妙无比。同时它也无不和我们的生活息息相关，藕不断丝相连，使我们时时刻刻都离不开它，因此，我想每一个人都会有许多与汉字相关的心灵故事，这些故事尽管不尽相同，但都会是多姿多彩、生动活泼的。我在书中俯拾的只是自己和汉字打交道过程中的一些个人体会、心灵感受的鳞鳞爪爪，如果这些东西能对正在成长的青少年朋友有一点启发，能引起他们对了解、探寻汉字奥秘的些许思索和兴趣，我心足矣，也算没有浪费为此书的出版而费力费心的多位同仁的劳动了。

2012年12月23日于呼和浩特

目 录

趣味儿汉字

我是教授，我"科盲"

一天，朋友带他的孙子来家做客。小家伙上小学三年级，鬼精鬼精的，趁我们聊天，他跑到我书房，在电脑上玩起来。

朋友说，别看他小，可电脑玩得溜溜的，尤其是网聊，有些字，别看咱俩是教授，都不认得呢。朋友一副悲天悯人的样子："咳，网络语言，生生把美好的汉字全给毁坏了。"

朋友的话，引起我的思索。对于我们这些上世纪大学毕业的老知识分子来说，网络确实是个陌生的东西，同学朋友中有好多都是"电脑盲"、"网络盲"，有的甚至连发手机短信也不会，戏称自己是"科盲"。

有一次，一个同学和孙女因某个字的念法发生争执，孙女不屑地奚落他："人家网上都这么念，算了吧，不跟你费工夫了，你懂啥！"让他好没面子。

汉字从最初的甲骨文发展到今天，可以说发生了翻天覆地的变化，而这些变化，都是伴随着社会生产力的发展而产生的。进入二十一世纪信息化时代，网络进入家庭，不可避免地改变着人们的生活，同时，作为社会交流的工具——语言和文字，自然也会受到冲击，网络语言的出现也就是顺理成章的事了。比如，"给力"这个词，过去规范的汉语字词里没见过，就连《现代汉语词典》也没有注释条例，可它却在网络上一下子窜红；还有"哈"字，本来是用作象声词或叹词，表示一种语气，如"哈哈大笑"，可在网络上，却成了动词，什么"哈你""我被他哈了"；再比如"打酱油"

一词，本来是买酱油的意思，可在网络上，却有了另外的含义：什么都不关心。还有什么"顶""粉丝""拍砖""人肉搜索"等，不一而足，都有和字面意思相去甚远的解释。真是天差地别，让人摸不着头脑。

更有一些字，很生僻，如回字里面的口字上有一个"八"字，我不知道念啥，也不知道啥意思，请教了一个小学生，他奇怪地看了我半天，冒出一句："你是教授，还是文盲啊？"然后才告诉我，我才知道念"jiǒng"，是无奈、尴尬的意思。小学生还怕我理解不了，进一步解释道："你看那个字，多像一个皱着眉头的人！"还有一个字，是两个"呆"并排着，小学生告诉我，还念"dāi"，我问啥意思，小学生的眼神更怪了："这都不懂？两个'呆'比一个'呆'更'呆'呀，就是很呆很呆的意思嘛。"我很惊讶，心里话：两个"呆"就是很"呆"很"呆"，如果是十个八个"呆"并列站在一起，那不是"呆"得成傻子愣子了吗？

网络上的字词，有的很生动、贴切，很有活力，由于用的人多了，便也成了常用字词，甚至被官方和媒体采用。如上面举到的"给力"，《人民日报》用作了大标题，从而流行开来，以至中央领导讲话或中央文件中都用上了。还有"美眉""雷人""粉丝""山寨""宅男""PK"等，也都堂而皇之地走上媒体，成了人们熟悉的字词。但网络上的有些字词过于随心所欲，缺乏汉语字词应有的功能，如用"7456"代替"气死我了"，把"尴尬"写成"监介"等。此类字词作为在网络上个体之间进行游戏，未尝不可，但作为规范的字词，则不能如此滥用，也不应提倡。

鲁迅说，路是人走出来的，走的人多了，便成了路。套用他的话来说，字是人造的，用的人多了，也就成了常用字。汉字发展的历史足以证明了这一点。

如今，还真不能小看一些小学生，说不准他们还是咱

们的老师呢！不得不承认，我是教授，但在网络世界里，我是科盲。

【相关字词】
给力 拍砖 山寨 宅男

会倒立的字

wáng

王

王
小篆

　　一个姓王的人向朋友借钱，朋友为难，他便发誓道："我保证在十天之内还你，如果不还，我的姓倒着写！"其实，他这个誓等于没发，因为"王"字倒着写和正着写都一样。

　　由此，想到汉字的一个有趣现象：有些字是会"倒立"的，就像人本来是头在上脚在下，偶尔也能头和脚翻过来一样。除了"王"字外，如口、田、中、米、非、日、曰、回、目、亘、申、丰、井、串、工，还有数字里的一、二、三、十等。汉字中这样的字为数不少，而且，其中的口、田、回、十、井、米等，不但可以倒立，甚至还能"翻跟头"、打滚，从四个方向哪个角度看都是它，字音字性字义都没变，有意思吧？

　　也有一些字，倒过来就变成了另一个字，词性和词义都发生了变化，就像四川的变脸艺术，来个180度转弯，就变成另一个字。

　　如"由"字，倒过来就成"甲"，从虚词（介词）变成了实词，意思也大相径庭。甲，在天干上排第一位，所以，常把第一称为甲，老师给学生判作业，有时是用五分制或百分制打分，有时是以"甲乙丙丁"来定好赖顺序，甲等为最佳，丁等则最次。甲还能和其他字搭配成名词，如装甲车、盔甲等。宋丹丹和赵本山演的小品里有句台词："小样，脱了马甲就不认识你了？"那个"马甲"就是这个"甲"字；

　　再如"人"字，倒过来是"丫"，一个大写的人立马变成了一个单薄瘦弱的小丫头，那两个向上撅起的"枝杈"，

多像小丫头头上的羊角辫啊!

还有"士",倒过来是"干"。"士"者,古代指未婚男子,也指介于大夫和庶民之间的阶层,他们可以说是社会的中坚;"干"者,做事也。战士、勇士、斗士……"士"们应该是去创事业的,所以,即使是大头朝下了,也还要去"干"一番事情。

还有的字,不用倒,只顺时针或逆时针转一下,就变成了另一个字,如"丰"字转一下就成了"卅";"三"或往左或往右转45度,就是"川"字。有关"三"变"川",《古代笑话选》上还有一个故事:一个教书者,只认识"川"字,教学生时,专找"川"字教。一日,学生呈上一本书请教,他翻了半天未见"川",正着急,忽然看见了"三"字,便指着"三"字骂道:"我到处找你,你却在这里睡觉!"

汉字中这种情况不少,我举出的可能挂一漏万,你也可以找找看。

当然,这种能倒过来或转过来的字只是指大体形状,有的具体写起来还是有区别的。因为汉字书写是一门艺术,上下左右、长长短短的搭配都有讲究,如上述的"二"字、"工"字,都是上一笔短,下一笔长,不能上长下短;还有'人'和"丫"、"三"和"川"、"丰"和"卅",等等,都只是形似,严格来讲,并非每一笔画的写法都相同。

字能够"倒立",或是能反转,是因汉字的特殊结构而形成的特殊现象,是汉字色彩斑斓、内涵丰富的表现,是任何文字无法比拟的。我们从中体味到的,除了感谢造字的仓颉们,就剩下骄傲了。

用脚丈量的人生

汉字中有一些字有明显的指示性，比如路字，从"足"旁，是告诉人们，路最早是人类用脚走出来的。在人类由猿进化成人的过程中，天地一片混沌，茫茫渺渺的山川大地上，懵懂初开的祖先们劈山凿石、穿林涉水，艰难地为了生存奔波着、行进着，他们用自己刚刚直立起来的双脚，踏出了一条条维系生命的路。路，是肉体的脚和坚硬的大地日复一日摩擦产生的杰作。

社会发展到今天，路的概念也发生了巨大变化。除了我们通常意义上的路，如土路、公路、马路、田间小路等外，又有了新的路：铁路、水路、航路、高速路，甚至有了通往太空的航天路。路，连接起地球上的角角落落，使距离变短，时光凝缩，生命延长。古代人需要走几个月的距离，今天我们用几个小时就完成了。当年慈禧太后带着光绪皇帝北逃承德时，浩浩荡荡地走了半个多月，而今，北京到承德，高速路只需两个多小时，如果乘飞机，连一个小时都用不了。

路，改变了人类。

但是，在我的印象里，那个弯弯曲曲、坑坑洼洼、长满野草的乡间小路却更让人感到亲切、踏实。因为，我是踏着它走向人生的。

我的家乡离县城30里，和邻近的村子也相隔三四里或七八里不等。把我们村子和这些地方连接起来的，正是一条条的土路。土路顺着地势的高低而蜿蜒，上面是两条深

7

深的辙印，那是牛车或马车压出来的。在十三岁那年的秋天，我就是沿着这样的土路从村子里走出来，走向县城，走到火车站，从那里乘火车，在钢筋铺成的铁路上又走了三天三夜，走到了呼和浩特，开始走我另一种人生的路。从此，我告别了乡间土路，行走在城市的石板路、水泥路、柏油路上，一直走到大学毕业。工作后，虽然大多时间走的还是城里光洁的马路，但职业又意外地把我和熟悉的土路联系了起来。作为报社记者，我经常下乡采访，走遍了哲里木盟宽窄不一、或平坦或崎岖、或干燥或泥泞的各式各样的路。在这些路上，我亲近着大地，闻着乡间野草野花以及泥土散发的芳香，听各种各样叫得出名字或叫不出名字的鸟的歌唱，心灵得到净化，心智日渐成熟，心胸变得开阔。土路虽然不太平坦，有些还坑坑洼洼，很难走，但它自然清净，没有喧嚣，没有拥挤，没有汽车喇叭发出的噪音，没有甲醛等散发出的刺鼻味道。我又一次感受到那久违了的亲切。

当然，我也曾走过其它的"路"——譬如在高速路上飞车，在海轮上漫步，乘波音747飞机用两个多小时从北国到达南疆……"文革"初，我们曾徒步从郑州向南"长征"，走了八天，行程400里，返回时是乘坐的火车，八天的路，三个多小时就倒回来了。当车窗外飞快地闪过我们曾一步步丈量过的道路时，心中感慨无限，甚至掉下了眼泪。为什么？说不清。

其实，路，就是人生，是用脚走出来的人生。各种各样不同的路，就像各种各样不同的人生，使大千世界万花纷呈，多姿多彩。不要嫌弃土路，因为那是每个人生命的起点，是大自然给予的最早的恩赐；不要拒绝铁路公路航路等现代化交通，因为它便捷高速，让人生有了别样的天地。春有花秋有月，夏有雨冬有雪，人生和四季一样，变数多多；人生也和各种路一样，曲折蜿蜒，直到尽头。学会走路，就是学会做人，就是学会怎样书写自己的人生。在这一点上，每一个人都一样。

用脚踏实地走好人生路——这是"路"字给我们的启示。

【相关字词】
公路 马路 路途 道路

一生成败皆因汝

　　口，又称嘴，人的五官之一。"口"字是象形字，你看，四四方方，严丝合缝，没有走风漏气的地方，多像人的一张大张着的嘴！

　　口的作用有两个：吃饭和说话。正如《说文》所说，口乃"人之所言食也"。人不吃饭，肯定活不了，不说话，虽然能活，但活不好——试想，一个永远沉默的人，隔绝了和同类的交流，每天茕茕孑立、形影相吊，无异于行尸走肉，活得有什么意思？

　　所以，上帝给你一张嘴，要好好利用，也就是说，"一定要管好这张嘴"。

　　管，不外乎管住吃和说。俗话说，"病从口入，祸自口出"，看来，"病"和"祸"都和口有关。反过来，"健从口入，福自口出"也有一定道理，这是事情的两个方面。

　　管住吃简单，只要吃卫生的、有营养的，不吃腐败变质的，不吃垃圾食品，就不会得病，身体就会健康；管住说就不那么简单了，人心里的所思所想，不会从肚皮里往外冒，因为"人心隔肚皮"，出不来。《鬼谷子▉捭阖》里云："口者心之门户。"既是门户，那么只能从口里出来了，所以，说什么，怎么说，是一件很重要的事。

　　综观社会生活中，人因为说话而获荣或取辱，或功成名就或身败名裂，事例昭昭，不胜枚举。魏征是唐代有名的"谏臣"，他敢于直言，深得太宗信赖，他的"以人为鉴，可以明得失"的名句，流传千古。再往远说，春秋战国时，就有一群说（shuì）客，专门游走于列国，合纵连横，献计于此，呈策于彼，凭的完全是"三寸不烂之舌"，还真"说"出了些名堂，不但扶持弱小战胜了强大，在纷争的乱世夹缝中得以偏安，还帮助秦国"扫六国"，得了天下，同时也把自己抬上了历史的记录册，要不后人怎会知道两千多年前有这么几个叫苏秦、张仪、晏婴的人呢？

当然，也有因"说"而倒霉，被罢官免职，发配流放，甚至丢了脑袋的。

唐玄宗时期，宰相张九龄是个敢于直言的人，他多次劝唐玄宗要重用有用之才，而远离宵小，说"治之本，重守令"，甚至预言了安禄山会造反。可是那个一直沉湎于女色之中的皇上根本听不进去，最后反而听信口蜜腹剑的李林甫和两面三刀的牛仙客的话，将张九龄驱出京城，贬到偏远的荆州当了个小官。

不过，张九龄还算万幸，只是被贬了职。还有一些被一降到底，斩立决甚至是灭门的不知有多少。此类因言获罪的，上自达官，下至小吏，在绵绵的中国历史长河中何止千千万万？

大人物如此，平民百姓呢？道理一样。"良言一句三冬暖，恶语伤人六月寒"，说话，是交际的需要。会说话，事半功倍；不会说话，事倍功半。

两个人在街上不小心碰了车子，说声"对不起"，相安无事；如若互相攻击，甚至恶言相向，就会小事变大，说不准还会酿成祸端。

报纸上曾载有一案例：两个小伙在饭馆吃饭，只因其中一人不小心碰了另一人一下，俩人便吵了起来，继而动了手脚，最后白刀子进红刀子出，最终酿成命案。你说这是何苦？

11

有口即要说话，天经地义，不能因为说话会惹祸，就不去说，那叫"因噎废食"。

"防民之口如防川"，那是堵不住的。当权者不让老百姓用嘴说话，老百姓就该用拳头，甚至用枪炮"说话"了。历史上无数对暴政的反抗，无数大大小小的农民起义，就是因有口无食、有口难言而起。所以，"言者无罪"，充分发扬民主，畅所欲言，才是利民之策，治国之道。

太多太少皆不成

qián

钱

小篆

鹤林：

你好！突然收到你的信，欣喜之余，感慨颇多。欣喜的是，信中你说儿女个个有出息，你的退休金也花不了，很为你高兴；感慨的是，如今在许多人心里，"一切向钱看"成了座右铭，而你却能知足于"退休金花不了"，愉快地度着晚年。由此，我联想了好多，其中就有：钱到底是个什么东西？钱为什么有这么大的魔力？到底是钱多好还是钱少好？等等。

我把凌乱的想法写给你，你有什么意见，也可以给我写来，好吗？

先从"钱"这个字说起吧。汉字中的"钱"字，偏旁是金，说明最早的钱是金属做的，繁体中右边又有两个"戈"，可能是指秦时的刀币，所以有了"金钱"这个词。

由物物交换开始，钱币从金属发展到今天的纸币，经过了几千年，但语言和文字中，好多都和"金"字连着，如钱数叫"金额"，国家放钱的地方叫"金库"，用黄金做本位货币的货币制度叫"金本位"等。这一方面说明最早的钱的来历，也说明钱的重要。金子是昂贵的，把钱和金相连相提，足见钱在人们心中的分量。

作为交换的工具，钱的作用是跨时代的，它带动了整个社会生活的活跃，是人类生活中不可或缺的。正因为此，钱也就成了人类极力攫取和聚敛的东西，从而引发了诸如

13

盘剥、抢夺、盗窃，甚至战争等灾难。

民间有句话：钱不是万能的，没钱是万万不能的。后句说钱的重要，前句说它的局限，话很通俗，也很辩证。记得上中学住校时，到了该交伙食费的日子，家里寄的钱还没到，怎么办？急得我抓耳挠腮——没钱真的是万万不能啊！

听过一个故事：某地发大水，一财主抱着金银财宝逃难至船上，困了几天，又饿又渴，欲用财宝和邻座正啃窝头的穷人换口吃的，邻座不换，说你满袋的金银财宝如今不值我半个窝头。故事寓意深刻——钱不是万能的。

人人都能说这话，也明白这话正确，但做起来，并不能都做得到，就如老百姓说的"心里明白腿打摽"。那个被执行死刑的杭州市副市长许迈永，贪贿上亿，他不知道该道理吗？不是，他是明知而为，贪欲冲昏了头脑、战胜了理智。可见，在某些时候、某些人那里，金钱的威力还是很大的。但也有不为金钱所动的人。媒体上报道过很多诸如某出租车司机拾到几万元苦寻失主、某挑夫为寻走失的货主奔波数日终得如愿等。"不吃嗟来之食""不取不义之财"是中国古训，也是中华民族为人处事的准则。正因为遵循了这一美德，我们的民族才会绵延不绝，生生不息。

写到这里，想起某小品中的一句话：最悲哀的是，钱没花完，人死了。钱是用来花的，如今提倡消费，说白了就是鼓励花钱。消费上去了，就能刺激生产，经济才能发展，这是经济学的道理。但过度消费，也就是奢侈浪费，就不好了，那样会损耗社会资源。某些发了大财的人，就花天酒地、纸醉金迷，自以为在享受，实际是在害自己。相反，有些有钱人，热心公益，心怀慈善，把"社会的钱还回社会"，才是人间正道。

以上杂七杂八地啰嗦，只是个人感悟，不知有无道理。

你我都是工薪阶层，钱不多，但够用，这样最好，因为钱太多太少都不是好事，恰到好处是最理想的。在一个关于"幸福"的调查中，得出"手中有100万的人最幸福，以上和以下都不幸福"，当然这是大概的说法，因为幸福不幸福，还有许多其他因素，不是只以金钱为唯一标准的。但也说明一个道理：钱这个东西，差不多就行，多了说不准是祸害，少了可能会受穷。

先写到这里吧，还望多联系。你知道吗，当年你刚参加工作不久，那时我还在上中学，有一次我去看你，你硬塞给我5块钱，那件事我至今记得。上世纪五十年代末，对于一个中学生来说，5块钱可以够好几个月零花啊！如今咱也不缺钱了，有空还可以到酒馆小酌几杯，你看好吗？记得你还是很有些量的。

祝好！

志诚

【相关字词】金钱 钱财 钱币 钱包

劝人不要小瞧驴

"驴"这个字，看起来是由"马"和"户"组成，其实是由"马"和繁体的"卢"组成的，它是个形声字。

我对这个字感兴趣，源于小时候的一段经历。

那时候，我家养过一头毛驴，是母的，长耳朵，灰褐色，个子不高，但很壮实。这头毛驴不像别人家的毛驴，得拉车、拉犁杖种地，我家有马和牛，不需要它干这些，它的主要任务是推碾子。母亲常领着它来到碾房，给它蒙上眼，套上绳套，它就拉着碾子一圈一圈地在碾道上走。

它走的样子很悠闲，默默地、机械地、不紧不慢，两三个小时里，一直是这样。有一次，我帮母亲推碾子，母亲在忙着收拾碾子上的米，我在一旁呆呆地看着毛驴走圈，心想，它不声不响地就这么走着，不知在想什么呢，是不是想它的孩子了？因为上个月它刚生了驴驹，还没有断奶呢。我便向母亲提出这个问题，母亲笑了，说："那当然了，哪个母亲不想自己的孩子呢？驴也和人一样，它在想，早点干完活，回去给孩子喂奶呢。"母亲的解释让我顿时可怜起毛驴来，我说："那就快点把碾子推完吧，快点让它回去，说不准它孩子饿了呢。"

这头驴和我最有感情，因为我常割青草喂它，还偷偷地把父亲喂牛和马的精料拿来给它吃。放学后，我常骑着它到村子西面的坨子上放，它在草地上悠闲地吃草，我就躺在树阴下，听树上的鸟叫，还有远处蝈蝈唱歌的声音。到了天快黑时，我就骑上它回家。到家门口，它就找一个灰堆，放平身子，左一下右一下地打起滚，全然不怕弄脏了身子。我不知它为啥要打滚，问父亲，父亲说，那是它身上痒痒了。我不知道是不是这样，但从那以后，我就常拿毛刷子给它梳毛，它就乖乖地，很舒服的样子。

爷爷不让我骑它，说是怕摔着，我若骑，只能偷偷摸摸的。但有一个例外，那就是到供销社给爷爷买酒可以骑，不过那还是我"斗争"来的。爷爷好喝酒，常让我去给他买。开始，我走着去，供销社离家有二里地，来回一趟很累，我就提出骑毛驴去，爷爷不答应，我就耍赖不去，后来爷爷实在馋酒馋得不行，只好同意了。从那以后，每隔几天，我就背上爷爷的铅酒壶，骑上毛驴，到供销社买酒，买酒成了我最盼望的一件事。有一次，到了该买酒的日子，爷爷还没叫我去，我问他，他说还有呢，我说不是好几天了吗，咋还有？爷爷说，小兔崽子，前两天你姑姑给送来两壶，还没喝完呢。我很生姑姑的气，送什么不行，偏送酒！但我也想出了法子。有一天晚上，趁爷爷睡着，我把他的酒壶偷出来，把剩下的半壶酒全倒在房后粪堆上。第二天，爷爷又让我去打酒，还奇怪地叨咕着：咋就没了呢？咋就没了呢？在拿上酒壶出门时，我偷偷乐了。

驴是人类饲养的动物，为人类的生活作出了贡献。除了干活，驴还献出肉、皮给人们。"天上龙肉，地上驴肉"，可见驴肉之鲜美，"驴皮胶"是贵重药材，还有"驴皮影"是民间传统娱乐一绝。但人们对驴的评判却有些偏颇，"驴"字常和许多带贬义的词连在一起，如以"驴唇不对马嘴"形容说话办事不着边际，以"黔驴技穷"来比喻坏人到了末日，以"驴脾气"形容一个人脾气不好，说人长得难看称"驴脸"，唱歌难听是"驴叫"，形容文章鄙俗为"驴鸣犬吠"，甚至以"老毛驴""蠢驴"来骂一个人缺德、愚蠢等等。

其实，驴并不蠢，反倒很聪明。有个民间故事：有一个人养的驴不慎掉进井里，主人想尽办法救不出，看着驴在井下痛苦的样子，无奈的主人请来人往井里填土，以使驴早点解脱，少受痛苦。奇怪的是，当人们把井填满时，驴竟然走了出来。原来，每填一锹土，驴就抖掉落在身上的土，使土落在脚下，这样，它脚下的土越积越厚，直到井口。

驴有马和牛同样勤劳无私的品质，但又不像马那么激烈，不像牛那么笨拙。"骑着毛驴看账本"，多么优哉游哉！甚至张果老都倒骑着驴，不怕摔着，可见驴有多么温顺。说驴脾气不好那是误解，再说了，蔫人还有发火的时候呢。

【相关字词】

蠢驴 驴唇不对马嘴 驴打滚

懵懂年纪的启蒙人

shī

师

小篆

　　我在村里上小学时，老师是个五十多岁的老头，戴个老花镜，躬着背，头挺大。没有人知道他大号叫啥，大人们叫他"张大脑袋"，我们也想那么叫，但不敢，只能背地里偷偷叫，当面还是喊他"老师"。

　　老师在教我们识字时，常打比方，或者根据字的特点说出一些口诀，我们觉得很有意思，记得也比较牢。比如，教"坐"字，就念出自编的口诀"两个小人人，蹲在土堆上"；教"雪"字时说"大雨下在横山上"；教"做"时，他就举着自己用柳条制做的教鞭，指着几个调皮的学生的鼻子说，"做"这个字，为什么用"人""古""文"组成？就是告诉你们一个人要学好古文，将来才能做大事做大官，明白吗？

　　"张大脑袋"是外来户，孤身一人，住在学校旁边的一间土屋里。据村里大人说，他是村干部特意从30里地外的三江口请来的。因为村里的孩子们要上学，那时又刚解放，没有文化人，不知怎么打听到了他，于是，村干部套上马车，赶到三江口，把他拉回来了。村干部训导我们时说："你们这个老师文化高，人家读过私塾，日本人时期在奉天（长春）还上过'国高'，脑袋里墨水多了去了，你们要好好听老师的话，好好学习，多识字，将来也当个老师！"

　　我们村的学校很小，学生就十几个，老师也就他一个。教室是一间民房改造的，没有桌子板凳，就用土坯垒，垒起的"桌子"坑坑洼洼，还能看见做土坯时掺的谷草梗，横

19

七竖八地或嵌在坯里，或露出梗叉支棱着。"土凳"更是粗糙，屁股硌得生疼不说，冬天还贼冷，冰得从屁股底下直冒寒气。

张大脑袋每天给我们上课，教算术和语文。他讲算术不怎么用心，对教语文特上劲，总好把这个字是怎么来的，为什么这么写这么念，古时候念什么，现在怎么念，讲得滔滔不绝，也不管我们能不能听明白。而且，每每讲完课，他总是坐在同样用土坯搭的讲台凳子上，微闭着眼睛，摇头晃脑地念一些我们听不懂的古诗词，记得好像常念的有"关关雎鸠，在河之洲"什么的。有一次我好奇，问他，老师，你念什么呢？他好像猛地醒过来似的，忙止住念叨，慌慌地说："没什么，没什么，瞎念呢。老师是在瞎念，跟你们没关系啊。"

张大脑袋有一个竹子做的板子，二尺多长，上课时就放在土坯讲桌上。每次讲完课，他总要提问头一天学过的，而这时，那个竹板子就派上用场了。哪个学生答不上来，他就拿起板子，走到那个学生跟前，厉声道："把手伸出来！"那学生只好乖乖地伸出手。他就用左手抓过学生的手，把他手掌朝上张开，然后用举着板子的右手拍击，拍击的次数严格按学生答错的题数，答错一道题，击打五下，两道十下，以此类推。学生们常常被打得嗷嗷叫，他就说："叫什么叫？严师出高徒，不打你们，咋能成材？"我也曾挨过他的板子，但他打我时，不知为什么，总是将板子高高举起，落下时却是轻轻的。

后来听村长说，张大脑袋对你偏心呢，认为你是唯一将来能学成的学生。我也有这个感觉，他常在放学后把我留下，给我讲古人的故事，什么"头悬梁，锥刺股"啦，"凿壁偷光"啦。有一次讲完"孟母三迁"的故事后，我发现他流泪了，我问他怎么了？他抹了抹眼睛，不好意思地说："没啥，没啥，眼里进了个沙子。"多少年以后想起这一幕，我才明白，那时，他可能是为自己的遭遇伤心了。他因为出身不好，父亲被镇压，母亲病死，妻子带着孩子离开了他，落下他孤身一人。他饱读诗书，有过理想、抱负，可如今只能在这个沙坨子里默默地度着余生，想起来，怎能不落泪呢？

张大脑袋教了我四年，直到我初小毕业，到县城上高小。十几年后，我大学毕业，参加了工作，有一次回村里，听人说张大脑袋死了，是被疯狗咬死的，不由心里咯噔一下。死了，而且是这么个死法，太惨了！村里人说，村里后来成立了小学，来了不少老师，就不让张大脑袋教书了。他不会干农活，就挣不到多少工分，生活很困难。后来又得了病，躺在炕上起不来，一次拄着拐杖去卫生所路上，被突然窜出来的疯狗咬了，不几天就死了。

唐代文学大家韩愈在《师说》里说："师者，所以传道受业解惑也。"民间也有"一日为师，终生为父"之说，可见"师"在人生中起到的作用多么大。在我的启蒙教育中，张大脑袋功不可没。"张大脑袋"这个称呼，对我来说，一生难忘。我会永远记住他。

【相关字词】
老师 师傅 师徒 拜师 师出无名

拳拳人狗情

我家养了一条西施狗，毛白白的，长长的，鼻子和眼睛黑黑的，像三颗黑葡萄，我给它取名"洋洋"。洋洋到我们家已五年了，五年来，它和我们朝夕相处，俨然成了我们家庭的一个成员。

洋洋的到来，让我对"狗"字彻底改变了看法——由厌恶到喜爱。

过去我讨厌狗。首先，它好叫，声音又不好听，"汪汪"地，挺吓人，不像鸟儿的声音，鸟儿的声音像唱歌；再就是它咬人，冷不丁窜出来给你一口，我小时候就被邻居家的大黄狗咬过；还有，就是上学后，学到看到的关于狗的字词，没几个是好的，大都是贬义，什么"狗眼看人低""狗改不了吃屎""狗仗人势""狗屎堆""走狗""狗汉奸""狗腿子""鸡鸣狗盗""狗头军师""狗急跳墙""狗皮膏药""狗尾续貂"等等。汉字的感情色彩很浓，也自然影响懵懂时期的我，和这么多难听的字眼连在一起，狗能是什么好东西？

可是，洋洋改变了我。它也叫，可叫得清脆、响亮，很好听；它舔人不咬人，小舌头伸出来在我手上身上轻轻舔舐，麻麻的，痒痒的，很舒服；还有，它和我亲热，见到我就扑上来，摇头摆尾、兴高采烈、投怀送抱，一副见到最亲的人的样子；更主要的是，它懂事、忠诚，知羞耻，从不在屋里拉尿，不破坏家具，不登高爬低，吃饱喝足就在自己窝里睡觉。跟我出去散步，总是像个影子，追随在左右。有一次我不慎滑倒，正在附近玩耍的它飞快地跑过来，扑在我身上汪汪叫，好像在问：爷爷，你怎么了？摔疼了吗？它出去大小便，总是找个避人的草丛，从不在明眼处解决。有一次拉稀，没憋住一出楼道门就拉了，于是它便冲我叫，意思是说：快给我收拾了，不然人踩到多脏啊！

你说，这样的狗，能不叫人喜欢吗？

随着生活水平的提高，宠物热兴起，养狗的人渐渐多起来，每天早晚，小区里、马路上、草坪中，群狗嬉戏，成为城市一道景观。媒体上关于狗的消息也日渐多起来，大都是正面的，如一则消息称，地震发生时，狗守在废墟上几天几夜，等着主人回来。还有一个更神奇的事，一条狗帮助警察破了一起杀人案：狗的主人被歹徒杀害，移尸70里外掩埋，死者的狗循迹找到掩埋处，硬是用爪子刨开土，从主人的尸体上取下手表，叼回来交给了警察，又带警察来到埋尸处，警察根据手表这一线索，顺藤摸瓜，终于把案子破了。更有些地方，成立爱狗协会，以保护狗不被虐待、杀害，有一次协会的人发现一条高速路上有装满狗的车，准备拉往某地屠宰，便自发地进行围堵，最终以数万元的价格赎下那些狗，使它们免遭涂炭。

狗是人类最早饲养的动物。在蛮荒的远古时代，狗帮助人类捕猎，后来随着社会的发展，狗也渐渐从守家护院、捕猎等纯功利转向精神层面，成了人类的朋友。

爱屋及乌，自从养了洋洋，我对"狗"字就不那么讨厌了，甚至喜欢上了。看到上面说的那些词，心里很是愤愤不平：凭什么给狗安上这么多难听的字眼啊！人类自己做得怎么样？破坏生态、浪费资源、污染大气、壅塞河流、砍伐森林，甚至发动战争，相互残杀……哪一样不是人类自己干的？人类该是好好检讨自己的时候了，别以为自己是高级动物就蔑视其他的动物（如狗），一切生物都有存在的合理性，

都有享受大自然的权利。从这点上说，既不要"狗眼看人低"，也不要"人眼看狗低"，大家和谐相处，世界才会太平。

【相关字词】狗眼看人低 狗急跳墙 狗尾续貂

柔中含刚的水

shuǐ

水

水

小篆

　　水是大自然赐给人类最宝贵的资源，人类哪一天能离得开水呢？水有着柔柔的性格，能圆能方，能静能动，能屈能伸，可以幻化千姿百态；但水也能变得猛兽般凶暴，一往无前，摧枯拉朽，震天撼地，具有强大的破坏力。柔中含刚的水，令人又爱又恨的水，离不开又须时刻提防的水。水，既是人类的朋友，又是人类的敌人。

　　人不能离开水，作为相互交流的工具——文字，"水"字和我们紧密相随，可谓须臾不离。

水是生命的保障

　　有一首歌唱道：鱼儿离不开水，瓜儿离不开秧……其实何止鱼，人也一天离水不得。地球上三分之二以上的面积是水，人身体里百分之六十多的重量是液体（水），包裹着地球的大气层里，混杂着众多的水分子。水，无处不在，无时不在。

　　水是人类生存的必需，生命的保障，人们从而渴盼水。当干旱降临时，人们翘首以盼，希望老天爷下一场及时雨，解人和庄稼的干渴；当走在荒芜人烟的沙漠里，又饥又渴，多么希冀能有水——哪怕是几滴，来润泽快要冒烟的嗓子。据医学证明，人可以十天半个月不吃饭饿不死，但几天不喝水就会死亡。上世纪六十年代演过一部电影《上甘岭》，战士们在猫耳洞里就着雪吃炒面；干裂的嘴唇；为了到山

25

下取水而牺牲的战士，这些镜头曾深深地打动了亿万观众。

温柔的水

水性温柔，形容女人"柔情似水""水一样的肌肤""水汪汪的大眼睛"，溢美之词都有水。我喜欢游泳，身子浸在水里，漂浮着游动，水包裹着身子，好像有一双柔柔的、滑滑的手在全身上下抚摩，很舒服。我们家乡没有河，没地方游泳，只有下大雨时村子里一个凹坑积满水，形成一个小泡子，我们才有机会玩玩水，其实也就是在坑里乱扑棱扑棱，弄得满身满脸泥水也不管。后来大了，到了城市，有了进游泳池游泳的机会，才渐渐学会了狗刨、蛙泳、自由式等。最过瘾的是在青岛海滨游泳，海水浮力大，浪也高，很刺激。这时的水，是温柔的，可爱的，它和人亲密接触，给人以愉悦。有一年，我乘轮船从上海到青岛，一天一夜的行程一直风平浪静，当第二天站在甲板上，放眼四望浩淼无际的大海时，我被震撼了，觉得海水真温柔。温柔也是力量，它可以征服人类，征服世界，征服整个宇宙。在这力量面前，心胸顿时开阔起来，顿感人类是多么渺小，个人是多么微不足道。那个时候，就是身旁站着一个自己的仇人，也会感到很亲切。

散漫的水

水字是象形字，最早篆体就是流动的样子。水往低处流，可见它没有支撑不行，支撑它的是山川大地、河道大坝。水无形，依靠什么，就成什么形状。把水盛在鱼缸里，它就是鱼缸的模样；顺着山形游动，就是一条河流，蜿蜒在山川之间。人利用水的这种特性，拦河筑坝，浇灌田地，或者搞水利发电，也可靠它的浮力行船。人类和水和睦相处，就要顺着水的性，因势利导，堵中有疏，疏中有堵，疏而不强堵。这样，才能使水造福人类，我们常说的水利工程就是和水打交道的事情。

暴烈的水

但是，水也有暴烈的一面。和水字组成的词很多就是形容它的这一面的，如"水灾""水患""水火无情""水深火热"等等。水一旦暴怒起来，其力量大得无边。1998年长江洪水，差一点水淹江浙；水在寒冷中结成冰，2003年使云贵一带造成冰雪灾害，损失惨重；最可怕的是，2003年印度尼西亚巴厘岛海啸，24万人死于非命；2011年日本大地震引发海啸，几十米高的水头直扑东日本海岸，几万条生命顷刻间被吞噬……温柔的水，结成一个团体，释放出聚集的能量，其威力用"滔天"形容并不为过。

当心温柔变成暴烈

可见，和世间万物一样，水也有它的两面性。水可以利人，也可能害人，关键是怎样对待它。所以，不要欺负弱小，弱小凝聚起来就是强大；不要被表面现象迷惑，要防微杜渐，不要等温柔的水暴怒时才后悔。要顺势利导，疏堵结合，小到为人处事，大到治国理政，道理一样。

【相关字词】水火无情 水到渠成 水深火热 水土不服

27

听 书

　　儿时的冬夜不寂寞，踏着浓浓夜色，我跟在母亲身后，去村子里的某户人家。那家的油灯亮着，昏黄的，屋子里已经坐满了人，炕上地下，男人女人，老的少的都有。我和母亲找一个旮旯坐下，静静地等待，等待着那个端坐在炕头一口口抿酒的老头拿起四胡，到那时，"节目"就开始了。

　　我和母亲是来听书的。

　　这里说的"书"，并不是通常意义上的纸制书，而是一种艺术形式，如"大鼓书""评书"等。我听的，是"蒙古书"。

　　蒙古书是蒙古族一种民间说唱艺术，流行于内蒙古东部地区，蒙古语叫"乌力格尔"，由民间艺人说唱。每到冬闲，长长的夜里，各家轮流请说书人到家里，提供烟酒茶，邀请村里人去听书。我们村子里有两个会说书的，都是六十多岁的老头，其中一个说得最好，就是这天我们来听的，名叫高力柱。高力柱没文化，不识字，可他记忆力好，从老师那里听一两遍，就能说了，什么《大八义》《小八义》《薛仁贵征东》《罗通扫北》，都是汉族历史演义，而且一部书能说一个月，连说带唱，非常生动。

　　这天说的还是《薛仁贵征东》，已经说了好几个晚上，说到唐王遇难，薛仁贵救主那一段了。李世民被葛苏文追赶，马蹄陷进了河里，葛苏文追到河边，眼看唐王性命难保，白袍薛礼飞马赶到，救出了唐王。故事的情节早就知道，但听蒙古书，不光是听情节，更主要的是嚼韵味——一种独特的、渲染气氛的语言和音乐。在四胡低缓而沉沉郁郁的音调中，老高力柱略带喑哑的嗓音随着故事情节的起伏，忽而高亢忽而舒缓地飘荡在小屋里，回荡在人们的心房。随着故事的进展，人们都屏气凝神，或为好人得好报发出会心笑声，或为主人公的不幸伤心落泪。我虽然才八九岁，也被深深吸引，也和大人们一起欢欢笑笑，悲悲切切。每说到一处关键点，老高力柱会把四胡一停，说声"扎，我得尿泡尿去。"于是，人们纷纷起来让路，他下炕，找到不知被谁踩到哪里的鞋，晃晃地出了门。其实，他确实是要尿尿，但更主要的是，他正说到了一个关键的地方，他是用停顿来卖关子呢。这时，人们叽叽喳喳的声音响起，议论着故事里的人和事，赞好人，骂坏人，是永远的话题。

每一夜的书要说到鸡叫才结束，而结束时往往是情节发展的紧要关头，就留下了悬念，有点章回小说里"且听下回分解"的意思，不由你第二天晚上不来。如此这般，一部书要说上一个月左右。于是，整个一个冬天的夜晚，星星出来，我和母亲就出家门，星星落下，我们才回家。

"书"字，《现代汉语词典》上的解释里并没有我说的上述意思，只有在"说书"条目里，解为"表演评书、评话、弹词等"。我念了二十几年书，过手的书千册万册，家里也堆有满墙的书籍，可对家乡那一个个寒冷的夜晚听的"书"仍念念不忘。文学艺术来源于生活，最早的文学都是口头的，从这个角度说，我听的"书"就是后来纸质书的老祖宗了。

【相关字词】书呆子 书法 书院 书香门第

29

"心"字头上一把刀

汉字中有许多会意字，只要看它的组成就能知道它的意思，"忍"字就是如此。心头立着刀，而且是开了刃的刀，此时此刻，你能不忍吗？谁人敢不忍？

生活中，忍和忍又各有各的不同。

忍是无奈

许多时候，忍是一种无奈。赶路时累了饿了渴了，前面还有很长路要走，周围又荒无人烟，怎么办？只好忍受，强忍着继续走；考试时碰上不会的题，忍着头疼也得苦思冥想，想法把题答上来；不小心生病了，到医院去看，打针，疼，吃药，苦，弄不好还得开刀动手术，更像是过一次鬼门关，但为了治好病，都得忍。这些忍，都是不由自己意愿的忍受，是无奈。这种无奈，也可以叫做困难，在我们生活中很常见，几乎经常遇到。在它面前，只有面对，只有忍耐，只有坚持，只有克服，这样才会"山重水复疑无路，柳暗花明又一村"。

忍是胸怀

还有一种忍，是一种境界、一种胸怀的体现。在我们的日常生活中，要面对各种各样的人，应对各种各样的事，人有百态，不可能人人都对你的心，事事都如你的意，对不随心不如意的人和事，应采取大度的态度，有些即使是难以忍受的，如冷淡、误解、羞辱、背后搞小动作等，只要不是原则问题，大可一笑了之，或不予理睬。古语说"礼让三分"就是说的这个意思。在无关紧要的小事上做到忍让，可显现一个人的胸怀和抱负，正所谓"君子坦荡荡，小人常戚戚"。汉朝有个韩信，小时候被人欺侮，让他钻裆，他居然钻了，史称"胯下之辱"。然而，就是这个韩信，后来成了汉朝大将，统领千军万马，帮刘邦打下了汉家天下。

小不忍则乱大谋

忍，作为一种处世之道，符合中国传统文化，是一种哲学。《论语·卫灵公》里说"小不忍则乱大谋"，民间也有类似的说法，如"吃亏是福""忍一时风平浪静，退一步海阔天空"，说的是在小事上要忍让，不然就会坏大事。战国时期，越王勾践"卧薪尝胆"十年，最后打败了比自己强大的吴国，就是以忍求胜的例子。

我们常见一些人在芝麻大的小事上斤斤计较，互不相让，轻则伤和气，重则酿成严重后果。有报载：两个人在公交车上为争一个座位，先是动口，继而动手，后来其中一人抽刀将另一人刺死。区区小事，弄出人命，多不值得！如果其中一人稍微忍让一下，这事也就不会发生了。

其实，生活中人与人之间磕磕碰碰的事在所难免，互相谦让点，就能做到和睦相处，相反，锱铢必较，凡事要争个你长我短，那就会加深矛盾，伤了和气。小事如此，大事更应这样，要权衡利弊，该忍则忍。

忍的底线

　　说了半天，是不是对啥人啥事都要忍呢？不是的。忍不是懦弱，不是一退再退，忍要有底线，底线就是是非、原则。在事关是非、原则时，非但不能忍，还要斗争。但这种斗争，不是舞刀弄棒、唇枪舌剑、拳脚相加，耍匹夫之勇，而是要有理有利有节，要讲究艺术、技巧、策略。假如有个人无端地骂你，你反口骂他，那就是不忍，任由他去骂，也不是上策，正确的做法是平心静气地给他讲道理，指出他骂人是不对的，不对在哪里，让他自己认错。这也是斗争，是忍让中的斗争，是一种高智慧的忍让。

　　一个"忍"字，内涵丰富，与"忍"字组成的词，如"忍让""忍耐""忍受""忍心""忍辱负重""忍无可忍""忍俊不禁"等等，更显现其多姿多彩。举一反三地仔细琢磨，常觉其乐无穷，这就是汉字的魅力。

【相关字词】忍让　忍辱负重　忍俊不禁　忍无可忍

浓浓的树阴

shù
树
小篆

　　我小时候学字，常把字拆开来记忆。比如"树"字，是"木"旁，中间是"又"字，右边是个"寸"，木一寸又一寸地长，长着长着就便成了树。这样一拆一分析，既记得牢，又觉很有意思，这就是汉字的魅力。

常青毛道

　　我小时候，家乡没有多少树，村子里光秃秃的，只有村南的一座沙坨上长着一棵高大的柳树，人们叫它"常青"毛道（毛道：蒙语中指树）。那树不知道长了多少年了，反正爷爷说他小时候这棵树就有了，而且也是这么高大。常青毛道是村里人心目中的神树，逢年过节村里人都要摆上宰杀的牛羊上供或祭奠，尤其是夏天，如果天旱了，过了五月十三还不下雨（我们那里有"大旱不过五月十三"的说法），村里大人小孩都会来到常青毛道下，磕头祈雨。平时，常青毛道是我们孩子们夏天爱去玩的地方，那大大的树冠下面，铺出一摊树阴，小风一吹，凉凉的，我们就在树阴下面嬉闹，或坐在那里讲故事，或玩骑马打仗，那里成了我们孩子们的乐园。每年的端午，我们小孩子天没亮就早早起来，争取第一个摸到常青毛道的树干。据老人们说，谁先跑到树跟前摸到大树谁就会一年有好运，长大有出息。

常青毛道没了

可是,后来,常青毛道没了,被齐根锯掉了。那是1958年,那年全国大跃进,不但粮食产量要放卫星,思想上也要"破除迷信"。村子里的干部们一商议,说常青毛道是封建迷信的象征,村里人到那里磕头祈雨是不相信科学,是迷信活动。于是,派去十来个年轻力壮的基干民兵,个个手执斧头,一顿猛砍。可是,砍了大半天,粗大的树干只留下一些斧痕,常青毛道纹丝不动。更奇怪的是,听爷爷说,那天基干民兵正砍树时,突然,晴晴的天空"咔嚓""咔嚓"打了两声响雷,把几个小伙子们吓得丢下斧头就往回跑。爷爷说,那是老天爷不让砍呢!可是,那年月,"人定胜天",老天爷终究没有挡住村干部们的决心,没能救下常青毛道,最后还是十几个人一起用大锯齐根锯断了。据说锯树那天,村子里的老人们都站在自家门口,望着常青毛道倒下,流下了眼泪。

爷爷栽树

自从常青毛道没了后,爷爷就开始在我家屋前屋后栽树,他常栽的有柳树和杨树,树苗都是从邻村淘换来的。他栽树时常带上我,我也乐意跟在他后面,帮他往坑里插树枝,帮他浇水。有一次,我跟爷爷在村子南面一个洼地栽树,爷爷边干活边跟我说:小孙孙啊,树可是个好东西呢,长大长高了,能遮风挡雨,还能管住沙土不乱飞乱跑,咱村子里的人混哪,把常青树砍了,你长大了可不要学他们,你要向爷爷一样,多栽树。爷爷年纪大了,看不到你娶媳妇的那一天了。等这些树长大了,你把它卖了,换成钱,好娶媳妇啊。那几年,爷爷栽了好多树。后来爷爷死了,那些树也长高了长大了,等都有大人的腰粗了。可是,我没能把它卖了来娶媳妇，因为那些树都成了生产队的财产，我家没有权利了，这是后来听爸爸说的。

父亲栽树

爷爷栽的树都充了公，但父亲后来也栽了不少树，那成了我家的一笔财富了，因为父亲栽树时赶上了改革开放，农村实行土地承包，栽树也是谁栽归谁。父亲不但在房前屋后栽了不少杨树，还在村西一个沙坨子上也栽了一大片，这些树后来都成了林，我侄女上大学的学费就是弟弟卖了几百棵树解决的。不但我父亲，村里好多人家也都栽了不少树，现在我们村到处都是树，一到夏天，满村都是绿，遮盖得房子都看不见了。

我每次回家乡，总是到南坨子上，寻找当年常青毛道的遗址，但找不到，因为那里全栽满了树，绿绿的一片。

35

相貌本相似 相争何太急

在一次有十几个汉字参加的聚会上，"未"字和"末"字遇到了一起。两个字几乎同时惊呼起来：哈，果不其然，咱俩还真是像极了，怪不得字们都说咱俩是一对孪生姐妹呢！

一番惺惺相惜、相见恨晚过后，两个字相互打量起来。看了半天，"未"说道："怎么，你是不是病了，头咋这么大？"

"末"听了，有些不快，心里想，咋说话呢，谁头大了？可嘴上没说啥，只是笑了笑。可"未"还是没完没了，又说道："头大可不好，不但不好看，还说不准是得了什么病呢，你得到医院看看了，别大意啊！""末"听了，本来压着的火被拱了起来，禁不住呛道："头大咋啦，总比小得像核桃好！"

"未"一听，心下顿时明白，她这是说自己呢，说自己头小。本来，平时字们常拿她这点取笑，使她对"小"很忌讳，今天"末"竟然哪壶不开提哪壶，太伤自尊了！但"未"虽然不高兴，可嘴张了张，没说出反驳的话。毕竟，话头是由自己挑起的啊。

话不投机，"未"和"末"一扭脸，整个聚会上谁也没理谁。

聚会后到歌厅唱歌，"未"和"末"因为先前的不愉快，本不想去，可架不住字们生拉硬拽，还是去了。在歌厅，字们各展歌喉，放声欢唱，唯"未"和"末"离得远远的，各自默默地坐在角落里。

"抹"字过来坐到"末"旁，劝道："咋，还不高兴啊？

36

有啥呀，不就是说你头大吗，头大咋啦？头大好啊，聪明，你看我，不但头大，手还大呢。""末"听她一说，心里的憋屈像开了闸门的水，哗哗流了出来："有啥了不起，头小得没拳头大，再说了，她有啥呀，不就是个'没'吗，你看和她搭档的词，什么'未成年''未恢复''未到达'，干事情总是'未遂'，连对象都是'未婚夫'；要不就是'不'，什么'未便'、'未敢苟同'，就是在地支里，也就排到第八，牛什么呀牛！""抹"字说："就是，咱别理她，我就是比你多个手，咱还是亲戚呢，我和你站在一起！"这时，"沫"字凑了过来，道："对，别理她，咱亲戚多了，茉、秣、眛、袜、妹、靺、眜、眛、怵、秣，都是咱至亲，她们今天都没来，要是来了，看她敢瞎说八道！"

那边，"味"字陪着"未"，也在开导她。"味"说："我就是多个嘴，要不，咱俩是一家，现在咋也算亲戚，我同情你。它'末'算什么呀，啥事都在最后，她那不好听的词多了，什么'末梢''末尾''末流''末日''末座'，就是坐车，也是'末班车'；干事总是'本末倒置''舍本逐末'；人们喝茶剩下的是'茶叶末儿'；得病了吃药剩下的是'药末儿'，都是扔的货色。"

这时，"茉"字端着一杯酒过来："说啥呢，这么热乎？是不是刚才'末'冒犯你了？"说着，一挥手，喊道，"'莱'、'稣'，你们过来，有人欺负咱小妹妹了！""莱"走过来，忙制止道："行了，别添乱了，想打架啊？人家人多，咱打不过。""茉"说："怕啥，她们人多，咱还有当大官的亲戚呢，不行找'尉'，还有'威''卫'，都在政府部门当差，她们是咱远房亲戚，小妹受气，她们不能不管吧！"

"莱"头上戴个草帽，端端正正，像个老大姐。她劝道："算了算了，至于吗，都是汉字里的一分子，何必争个你死我活、你高我低呢？其实，'未'也好，'末'也好，谁也离不开谁，

37

说不准哪天又黏糊在一起，组成个什么字呢，那就成一家人了，大家和和气气的多好！"

　　大姐毕竟是大姐，一席话说得大家没了说的。"未"和"末"最终在"茉"的说和下和好了，在结束时还合唱了一首《我们是朋友》，才各自散去。

【相关字词】
未来 未竟之志 穷途末路 末尾 末了

巧用字词 其乐无穷

汉字有一些很有意思的功能，如同一个字词，放在不同的地方，意思就不同了；再如，同一个字词，读音相同，意思却不一样；还有，一些字能拆开来，表达某些特定的意思，或者拼凑起来，组成新的词；等等。

有关这方面的记述和故事不少，略举一些，供把玩。

位置颠倒，效果立显。 有一个故事，讲的是民国元老于右任看到员工随处小便，提笔写下："不可随处小便"。公告张贴，因墨宝珍贵，被人拿去收藏，又因于右任的标准草书字字可分离，后人便将其重新装裱成了"小处不可随便"。没有增减一字，但要含蓄文明多了，只是颠倒了顺序，效果便不一样了。

再一个故事讲的是对联。孙中山有副名联：革命尚未成功，同志仍须努力。后来，面对国家形势与中山先生愿望越来越远的现实，吴稚晖将它改为：同志尚未成功，革命仍须努力。把"同志"和"革命"的位置颠倒了一下，便把许多所谓革命党人只顾个人利益，不管国家前途的嘴脸揭露无遗。后来，抗战结束后，国民党大员们大肆抢官敛财，有人又把此联改为：革命尚未努力，同志仍须成功。仍没有增减一字，讽刺和愤慨跃然纸上。

字同义不同。 唐代诗人刘禹锡的《竹枝词》中写道："杨柳青青江水平，闻郎江上踏歌声。东边日出西边雨，道是无晴却有晴。"里面的两个"晴"字，虽字同却是义不同，

前一个"晴"指天气阴晴的自然现象，后一个"晴"寓意情感的"情"，是一种双关隐语表达方式。

清末，科举废，学堂兴，男女可以同校读书，这引起封建卫道士们不满，群起而攻之。刚好有个学堂有一对男女生相恋，并生下一个小孩，于是卫道士们抓住此事攻击新式教育，其中有人写了这样一副对联：

教育其乃教育；

学生是在学生。

上联的后一个"教育"，意思是教"育儿"；下联的后一个"学生"，强调学"生孩子"。此联作为文字，很妙，可惜它"妙不可取"，最终也没有阻挡住新式教育的发展。

拆卸仍是字，拼凑也成词。 汉字中有许多字是两个或多个字组成，因此，拆开来仍能单独成字，如，"好"字，由女和子组成；"和"字，由口、禾组成；"男"字，由田、力组成，"朝"字由十月十日组成等等。由于这个特点，就有了许多组字成词的文字佳话，不妨举几个例子看看。

第一个故事：1916年初，结婚不久的宋庆龄与孙中山在一次散步时，宋庆龄出了副上联："或入圜（即：园）中，逐出老袁國（即：国）还我国。"繁体字的园字，口字里面是袁世凯的"袁"字，把"袁"赶出去，换成"或"，就成了国家的"国"，构思巧妙，寓意深刻。孙中山思索片刻，对出下联："余行道上，义无回首瞻前途。""余"字换出"首"字，道路的"道"便成前途的"途"，和上联有异曲同工之妙。

第二个故事：八国联军打进中国，有人写一对联以显其威：骑奇马，张长弓，琴瑟琵琶八大王，王王在上，单戈成战。有人针锋相对地写出下联：伪人为，袭龙衣，魑魅魍魉四小鬼，鬼鬼犯边，合手即拿。上下联均采用拆字组字的手法，既巧妙，又贴切，耐人寻味。

第三个故事：古时一人屡试不第，于是主考官出联讥讽道：上勾为老，下勾为考，老考童生，童生考到老。讥讽他为"老考生"。"老考生"认为自己屡屡不第，不是才学不够，而是没有送礼，于是，也对一下联：一人为大，二人为天，天大人情，人情大如天。这副上下联，都是用的拆字法，妙趣横生。

音同字不同，组合成谐音。如"蔽"和"避"，音同而字不同，意思也不一样。"蔽"是遮盖，"避"是躲藏、逃避；"守"和"首"，一个是指等候、等待，一个是指脑袋。还有"名"和"明""谗"和"馋"等等，这在汉语中称"谐音字"。谐音字容易读错写错，如"谗言"易写成"馋言"。还容易成为笑料，如有个学生名"范统"，结果被同学起外号"饭桶"。更有因名字与某些字谐音而断送前程的，《清稗类钞》里讲，同治七年戊辰科，江苏人王国钧本来殿试考了前十名，可列二甲前几名，可就是因"王国钧"与"亡国君"谐音，慈禧不悦，将其降到三甲，并把他弄到一个偏僻地方教书，一事无成，郁郁而终。

上述例子，只是汉字趣味的冰山一角，还有许许多多有待在学习中发现、体味。这是汉字丰富多彩的体现，是我们的宝贵财富。学习汉字，犹如走进一个迷宫，可让人眼花缭乱，应接不暇，只有细心耐心有恒心，花费气力和心血才能把汉字学好。

【相关字词】

晴朗 晴空万里 晴天霹雳 晴雨表 晴天

说名道姓话字趣

有一天，几个朋友酒足饭饱后边喝茶边说起自己的姓名，于是便以姓名为题，海阔天空地聊起来。虽然是任意发挥，也不免带有许多牵强附会，但仁者见仁。经如此一说，一些汉字还真的透出许多意味，就像一根根甘蔗，有那么股甜甜的味道。

首先提起话题的是吕从启。吕兄中等身材，体魄强壮，曾参过军，立过功，但没打过仗。他说："我的姓就像我这个人，你们看，上下两个口，胖胖乎乎，敦敦实实。我之所以能长成这样，全靠这两个口，能吃能喝，不挑肥拣瘦，也不丢三落四。再有，你们谁一顿能喝一斤老白酒？我就能，而且还不醉，脑子照样清醒，说话照样不走板。"

同座的高秋成接过话茬说："在这点上，吕兄令人佩服，可你也有问题，你不是说你睡觉不好，一晚只睡三四个钟头吗？"

吕从启说："那倒是，可你们知道那是怎么回事吗？那还得说我的姓。'吕'是两个口，也代表我们夫妻俩，去年她去世了，就像把两个口封上了，成了'目'，'目'是'睡'字的偏旁，'目'字没了，成了'垂'字，就像老婆没了，成天垂立着，能睡好觉吗？"

一席话说得几个人含笑会意，频频点头。

接下来说话的是徐绍忠。他是语文教师，从小爱好文学，唐诗宋词张口就来，文人气质很浓。说起他这个"徐"

字，首先引用了一句"徐庶进曹营，一言不发"，然后说："其实这句话还可另有一解，徐庶姓'徐'，'徐'就是慢，他不是不说话，而是不急着说话，他的话得慢慢说。'徐'字确实有说道，它说出了一个普遍的道理，什么事情都不要急，要慢慢来。就像人，得一天天长大，饭要一口口吃，路要一步步走。俗话说'心急吃不了热豆腐''一口吃不成大胖子'。慢慢来，就有了思考的余地，就可以深思熟虑，做到胸有成竹，事半功倍。再说自然界，清风徐徐，何等美妙，总强过那疾风暴雨吧？说话徐徐道来，总比放机关枪似的让人舒服吧？就说改革开放的事业，也要稳扎稳打，循序渐进，不急不躁，不能梦想一天就把国家建成全球老大，世界第一。"

绍忠的解说勾起了高秋成的联想，也打开了话匣子。他酒喝多后说话有些不利索，但思维仍很清晰。他说："你们的姓都不错，我的姓也不孬，历史上出了许多名人，如高鹗，续《红楼梦》的那位，还有唐代大诗人高适，专写边塞诗。当然了，也出了个高俅，把我们'高'姓给糟蹋了。"

说到这里，绍忠插话："据我所知，高姓还是吕姓的后代呢。姜太公就姓吕，叫吕尚，他辅佐周文王、周武王灭了商立了周，后传到8世孙姜赤，受封高邑，他们的后人就姓高了。"

从启听后高兴地大喊："哈，秋成还是我老吕的后辈啊！"

高秋成说："别急嘛，听我接着说。'高'字上面盖了个盖子，两个口还被隔开，本来能畅所欲言，但就是这一压一隔，生生就弄成'口欲言而讷讷'，说话不那么利索了。但别看这样，我这个姓还是值得自豪的，你们看，汉语里和'高'字组的成语大都是褒义词，如'人高马大''兴高采烈''高瞻远瞩''高屋建瓴''高山流水'……多了去了，

你们的姓有吗？吕兄，你的姓好，可有句话叫"狗咬吕洞宾"，不好听啊！"

从启急辩："谁说没有？'黄钟大吕'不是褒义词吗？"

绍忠说："要说徐姓名人，可以举出一大串：教育家徐特立，大画家徐悲鸿，名诗人徐志摩，旅行家徐霞客，科学家徐光启，三国大将徐晃、徐庶，唐初徐茂公，开国元帅徐向前、大将徐海东……"

从启道："要说名人，姓吕的甘拜下风，可也有个吕不韦，编撰了《吕氏春秋》，功劳不小呢。当然，还有吕布、吕后，虽然都不怎么光彩，但也算在历史上留下了足迹。"

绍忠说："我给你提一个人，吕端，汉代谋臣。毛主席说'吕端大事不糊涂'，那也是个人才。"

从启："哈，终于又找到一位了！高兴，高兴！来，喝酒！"

【相关字词】徐徐 徐缓 高瞻远瞩 高不可攀 远走高飞

奶茶飘香

chá

茶

茶

小篆

　　中国人好喝茶，"茶"字在汉语里很普遍。红茶、绿茶、花茶、砖茶，名目繁多。我今天要说的是"奶茶"，又叫"蒙古茶"。

　　奶茶，是草原上的牧民每日不可缺少的饮料，尤其是中老年人，更为喜欢。喝奶茶的习惯据说和喇嘛教传入有关，在明、清时就很普遍了。

　　草原上的大多数牧民一般都很重视晚饭，而早饭和午饭常常是就着炒米、奶制品喝奶茶。牧民喜奶茶，原因有三：一是牧民多食肉食，奶茶易于分解脂肪，帮助消化；二是制作奶茶的砖茶中含有大量维生素，而牧区又缺乏蔬菜，喝奶茶可补充人体所需营养；三是牧区冬夏温差大，冬天奇冷，夏季又酷热，常喝奶茶，冬可驱寒，夏可解暑，止渴止饿，生津去火。因此，牧民们酷爱饮奶茶，甚至到了"宁可一日无饭，不能一顿无茶""无茶则病"的程度。

　　当北风呼啸、寒气刺骨的冬日，或是赤日炎炎、暑浪灼人的夏天，你孤独地行走在茫茫无际的大草原上，饥渴交迫，眼看就要无助地倒下时，忽然眼前朦朦胧胧地出现了一座蒙古包，你是何等地惊喜？而更为让你兴奋的是，当你疲惫地走进蒙古包里，老额吉（母亲，这里指上年纪的老妇人）给你捧上一碗热腾腾的奶茶，你该是怎样地欣喜若狂？奶茶让你恢复了生命的动力，也把草原人一腔热情永久地留存在了你的心里。

草原人待客的最好的饮品就是奶茶。无论是熟悉的老朋友，还是萍水相逢的陌路人，只要你到了蒙古包，就会被主人的盛情所融化，你会无一例外地品尝到这甘露般香甜的奶茶。这是最高规格的礼遇。

奶茶的熬制法是：先将青（或黑）砖茶捣碎，抓一把放在小布袋里（不装袋也可以），放进开水锅里煮。茶在锅里翻滚时，要不断地用勺子搅扬，持续三四分钟后，把新鲜生奶徐徐加入。鲜奶与水的比例可为一比三、一比四或一比五、六不等，视自己的习惯和条件而定。当锅里的水、奶滚了，再用勺子频频扬翻，待茶乳交融，呈浅咖啡色，并透出一股股香气时，奶茶便熬制好了。需要说明的是，奶茶以微咸为最可口，需放些盐，可在熬制时放，亦可在熬好后喝时以自己的口味轻重再放。还有些地方熬奶茶时把小米或炒米先用牛油、黄油炒一下，再放进奶茶里一起煮，饮时既有奶茶的香味，又有米香味。

喝奶茶讲究慢饮、热饮，讲究喝透，喝得身上微微冒汗为宜。

随着时代的进步，社会逐渐商品化，许多旧有的习惯已成明日黄花，渐生渐灭，可喝奶茶的风俗却非但没有消亡，反而更加普及。草原上的人们就甭说了，就是城里的蒙古人（甚至还有汉人及其他民族的人），也有喝奶茶的习惯。他们或从前是草原上的人，或是曾经在草原上生活过，奶茶的清香和甘甜已沁人心脾，和他们的血液融为须臾不能分离的一体。

飘香的奶茶成为草原饮食文化的一部分。

如今，奶茶从牧区走向农村，从草原走向城市，成为如麦当劳、肯德基、披萨饼、可口可乐一样备受人们欢迎的一道亮丽风景。

需求就是商机。一些有眼光的企业便及时把握住这一商机，瞄准了奶茶这一市场，或开档次不一的奶茶馆，供人们享用，或推出包装华丽、品牌不同的"奶茶粉"，作为馈赠礼品。

这种经过加工的奶茶粉，方便保存，利于携带，为奶茶的普及和推广起到了革命性的作用。

不过，任何事情都有利就有弊。奶茶粉虽有优于熬制奶茶的地方，可毕竟不如现熬现饮来得香甜，来得热乎，来得沁人心脾。

【相关字词】茶叶 茶水 茶馆 茶话会

一点一划都有神

biāo
标
小篆

diǎn
点
小篆

教师节来临，学生们纷纷给老师送贺卡，用一两句言简意赅的话，说出自己的心里话，以表达对老师的感激之情。有一名初二的女同学在给班主任的贺卡上写道：亲爱的老师，您就像我的妈妈，愿您永远年轻漂亮？老师看了，笑着对她说："怎么，你是希望我年轻漂亮呢，还是怀疑我？"女生说："当然是希望您永远年轻漂亮了。"老师指着她的贺卡："你看看，有哪里不对头？"女生看了半天，恍然大悟，羞得捂着脸跑了。

原来，她用错了标点，把应该用叹号的地方用成了问号。

标点符号，是汉字的有机组成部分，是用来标明句读、语气和专名的书写符号，包括句号、逗号、分号、括号等几十种。标点不仅间隔句子，使句子和句子之间有适当的停顿，以适应人们的阅读，同时也有着表明语气、表达感情的作用。古代的书籍中，没有标点，所以今天的人们读起来有些费力。为此，国家组织语言文字专家对许多古籍开展了标注工作，为的是方便今天的读者阅读。

标点符号虽然不是字，没有明确的字面意义，但它也有它的含义，并非可有可无。如逗号表示一句话没有完结，句号表示这句话说完了，问号有疑问的意思，惊叹号则表示惊讶、感叹、强调等。同样的一段文字，如果标点标得不同，则意思就会不一样。

有一个故事说，一个人去找算命先生测父母身体，算

48

命先生给他写了五个字：父在母先亡。这五个字，在不同的地方断句，会有不同的意思。如父死，则可理解为：父，在母先亡；如母亲死，则可解释为：父在，母先亡；如果两个人先后去世，而且是父亲先逝，则：父在母先，亡。用标点符号断句，算命先生的卦真是左右逢源、天衣无缝，算是把标点符号用到家了。

元人马致远的小令《天净沙·秋思》是有名的一首散曲："枯藤老树昏鸦，小桥流水人家，古道西风瘦马。夕阳西下，断肠人在天涯。"后人将此小令重新作了标点，便成了一幅幅电影画面，可称一个电影分镜头脚本：枯藤，老树，昏鸦；小桥，流水，人家；古道，西风，瘦马。夕阳，西下，断肠人在，天涯。

既然标点符号是汉字的有机组成，那么，正确运用标点就是一件重要的事情。我们的生活中，许多人不重视标点符号的运用，或写信、作文一"逗"到底，或不管三七二十一，都以句号断句，这样虽然不会出现明显的歧义，但有时也令读者莫名其妙，难以接受。更有用错标点符号出现反义，就有违初衷了，弄不好还会铸成错误。如"食色，性也"这句话出自《孟子·告子上》，意思是"食欲和性欲是人的本性"，但许多文章中常写成"食色性"，把三者并列起来，这就不对了。

标点符号的运用，体现了文字的规范，也能看出使用者的态度。鲁迅当年还曾为标点符号争取过"权益"：出版社付稿酬计算字数时不算标点，鲁迅就故意不标标点，结果出版社很尴尬，最后同意标点也在字数计算之列。

我们从一开始学习使用文字，就要和认真学习字词句一样，把标点符号学好，千万不能认为这是一件可学可不学的事情。

【相关字词】
逗号 句号 感叹号 问号 省略号

饕　餮

　　认识这两个字，是在上高中以后。有一次，一个外号"老夫子"的同学拿着写有这两字的纸片挨个考同学，结果问了十几个人，没一个答上来，后来还是他神秘且自得地告诉了大家，告诉时还用下巴指了指正在旁边吃零食的一个同学："看见了吧？那个样子就是！"

　　"那个样子就是！"什么样子？赶紧查字典，结果发现，解释有三条：一，传说中一种凶恶贪食的野兽；二，比喻凶恶贪婪的人；三，比喻贪吃的人。显然，"老夫子"指的符合第三条，那个同学的确好吃，而且吃相不好——狼吞虎咽。

　　后来随着知识的增长和阅历的丰富，对这两个字的理解也加深了许多，由这两个字组成的词也见到不少，如"饕餮之害""饕餮的鲸吞""饕餮盛宴"。古代铜器上面的某些装饰叫"饕餮纹"，指贪食者为"老饕"，还有南方有些地方把美食家称为"饕民"。看字典解释，"饕餮"是指兽或人，自然是名词，但更多时候，"饕餮"两字单用，或与别的词组成句子，形容某种情状，成了动词或形容词。

　　无论是名词还是动词、形容词，饕餮大都在贬义词之列。看这两个字的组成，就让人不舒服。"饕"字由繁体号和食结合，"餮"字由歺和食组成，看来都和吃有关，而号字有大声喊叫的意思，歺则有消灭、灭绝之解。大声喊叫着消灭某种食物，这样子肯定不雅，甚至很瘆人。"老夫子"指的那个同学吃东西时虽然没有到"饕餮"的程度，但吃起来狼吞虎咽、急不可耐，弄得满嘴满脸饭渣的样子确实不好看。所以，讲究文明，应从生活的一点一滴做起，包括吃相。

由此，不由想到另一种"饕餮"，那就是被国人深恶痛绝又屡禁不止的公款吃喝，以及婚丧嫁娶等酒席消费。看吧，公款吃喝的酒席上，大盘小盘层层叠叠，山珍海味、高档烟酒一样不少。酒宴之后，留下的，除了一个个酒酣耳热满足而去的背影，就是满桌虽狼藉但几乎没动几筷子的菜肴，不一会儿，这些菜肴便被服务员收拾起来，倒进了泔水桶里。婚丧嫁娶消费的不是公款，而是来自主家和客人的腰包，但浪费程度和情况大同小异。每每参加这样的宴席，总是可惜那些饭菜，那可是生产者一滴汗一把力气创造出来的，真是"饕餮"啊！

观念和习惯一旦形成，便有一股巨大的惯性，很难阻挡。现在，举办宴席的名目越来越繁多，除婚丧外，老人过寿、过生日、生孩子、孩子过百天、考上大学、盖房子、升职、涨薪、乔迁等，都要举办档次不一的宴席。甚至中小学学生中，这种风气也在蔓延，同学中为互相庆祝生日而到饭店"撮一顿"的事时有发生。据说某村某个人因不堪礼金重负，又苦于自己没有由头把送出去的钱"捞"回来，便突发奇想，以自家老母猪生息为由，摆席宴请村里众人，成黑色幽默。

其实，每一个参加酒宴的人，都明白这是在浪费，在暴珍天物，不应该，但每一个人都无可奈何地参加着，参与着，从而浪费着。主家怕饭菜少了或档次低了让人瞧不起，便尽量上价格贵的饭菜，剩下的想打包拿回去又不好意思，嫌丢人；客人的红包也是水涨船高，怕少了情面上掉份子。于是，主客方除了心理和面子上的虚荣得到满足，谁都没有占到便宜，只有酒店是赢家，还有，就是那盛满泔水的一个个桶。据媒体报道，我国每年公款吃喝消费达3000亿元，

51

而婚丧嫁娶的消费没有全国性统计，倒是石家庄市有一项调查，一年该市仅婚礼浪费就达七亿元之巨。

这是一种多么可怕的"饕餮"啊。

"饕餮"也有引申而成的词，意思就不一定是贬义了，如"饕餮视角""饕餮之夜""饕餮大餐""文化饕餮""广告饕餮"等，形容气势宏伟、场面浩大。引申有变异作用，但字词的原词性没有改变，令人厌恶的"饕餮"，并不会因它的引申含义而变成褒义词。

【相关字词】

饕餮大餐 饕餮盛宴 文化饕餮 饕餮之旅

热热的土炕

kàng

炕

小篆

上小学时，老师教"炕"字时说，"亢"字加"火"字旁，就是用火来取暖的睡人的炕，加"扌"旁就是反抗的抗，土字旁就是坑……如此形象的教法，让我记住了好多难记的字。

长到十二三岁，我一直是在家乡的土炕上睡觉，当然了，也是在土炕上降生的。土炕热热的，白天玩耍得累了，晚上一躺下，真舒服，不一会儿就睡着了。

小孩睡炕梢

我们家乡的炕是用土坯搭的，下面有炕洞，用来走烟，炕洞连着炕角墙里的烟囱，从外间烧火，热烟顺着炕洞一路行走，最后从烟囱冒出去。热烟经过炕洞时，用它的热量就把炕烧热了。睡觉时，爷爷总是睡炕头，依次为爸爸妈妈，然后才是孩子们，因为炕头比炕梢要热。爷爷说，他睡炕头，是因为人老了，经受得了热，也喜欢热，小孩子不行，小孩子火大，睡太热的炕头会上火，会闹病。我疑心爷爷是在哄我，有一天半夜偷偷溜进爷爷的被窝，结果真的热得难受，一宿没睡着。第二天口干舌燥，还差点儿感冒。

53

烟道被堵

炕要每年扒一次，把附着在炕洞土坯上的烟釉和落在烟道里的灰清理出来，使炕道畅通，取暖效果才能好。

有一年，生产队派父亲出河堤（到30里地外修辽河河堤），快过年了也没有回来，可这时我家的炕突然不好烧了，一烧就从灶口往外冒烟，呛得妈妈直流眼泪。爷爷年纪大了，干不动扒炕的活，就请来老叔帮忙。老叔三下五除二，把炕扒开了，发现原来是在"猫洞"（炕和烟囱连接处）那里堵着块大土坷拉。老叔大骂："谁这么缺德，准是从烟囱上给扔进来的。"爷爷说，也许不是人扔的，是立在烟囱上的土坷拉被风吹倒，掉进去的。爷爷说得可能对，是风吹进的，但老叔骂得也可能对，因为村子里就发生过堵人家烟囱的事，那是由于有些人闹矛盾，一方为报复另一方干的。至于我家这次是怎么回事，后来也没闹明白，就那么不了了之了。

土炕爆炸

最惊险的是土炕爆炸，这种事弄不好就会发生，我就经历过一次。

那是在我八岁那年，那一年冬天有一天特别冷，放学回家时双手冻得发麻，两只脚也快冻僵了。妈妈在外屋烧火做饭，爷爷坐在里屋炕头，守着火盆抽旱烟。我一进屋，忙跳到炕上，嘴里还喊着："冻死了，冻死了！"一头偎在爷爷身边。然而，没等我坐稳，突然觉得屁股底下一震，紧接着"砰"的一声巨响，我和爷爷就被掀到了炕角，呛人的烟雾顿时弥漫了整个屋子。等我俩爬起来一看，炕头炸开了一个大洞。爷爷顾不上自己，赶忙抱住我，摸摸我脑袋，问："乖孙没事吧？啊，没事吧？"后来听大人说，那是因为天冷，炕洞里的热气没有赶跑冷气，冷热气汇聚在一起便把炕拱起来了。

睡炕还有这样的危险？从此我睡觉总是提心吊胆，老怕哪天炕又崩塌了，好在这样的事情以后再没有发生。因为吸取了那次炸炕的教训，父亲每年都要扒两次炕，春天一次，秋天一次，保证炕道总是畅通的。

【相关字词】

火炕　炕头　炕席　炕桌儿

打 围

学会"围"字，是上小学以后，可是，我和"围"字的缘分，却是在刚懂事的时候。

我的家乡是个沙坨环绕的村子，这样的村子在科尔沁草原上很多，大都相隔五六里或十多里。村子和村子之间，一般是有起伏的沙坨相连，沙坨和沙坨之间有的地方有甸子，甸子上往往有雨水形成的泡子，泡子或大或小，雨水大了就大些，雨水小了就变小，或者就干了，那就成了"干泡子"。因为甸子比较低洼，又有泡子水滋润，所以甸子上的草就长得茂盛，有的地方的草有一二尺高。我小时候各个村子人口不像现在多，甸子地一般都荒着，没人去种，那里就成了山鸡野兔，还有狐狸、獾子，甚至狼的栖息地。

打围

我们那里每年春天和秋天都举行围猎活动，有十天一围，或半个月一围，就是十天或半个月举行一次。所谓围猎，又叫"打围"，就是邻近四邻八村的人约定在某天向某个地方（一般是水草丰美的大甸子）集中，集中的过程就是"打围"的过程。集中时人们沿途一边行进，一边高声喊叫，有的甚至带着喇叭或者哨子吹，为的是惊动野物。惊起的猎物如兔子野鸡，除了被当场捕获或打死的外，都会或飞或跑到甸子中，那就陷入了"包围圈"，只等四面围过来的人们歼灭了。

打围不但是大人们的盛会，也是我们小孩子们的节日。到了打围的那天，天还蒙蒙亮，人们便都从各自的村子向一个约定的地点围拢。"打围"的人大都是中青年人，有骑马的，有步行的，有领着狗的，有扛着沙枪的，有手拿"套力棒"（一种前头带弯的木棍，用来击打猎物）的。也有老人和孩子，但他们大都是来凑热闹的。

我也凑过热闹

大约是在七八岁时，我就开始参加打围了，当然，那不过是跟在大人们的屁股后面图个乐子而已。

那时我家有匹蒙古马，个子不大，但跑起来飞快，爸爸打围时就骑上它，还领上我家的细狗大黑，手提"套力棒"出发。一般爸爸不让我去，但我哭着闹着要去，他也没办法，就让我骑上家里那头毛驴跟在他后面。

那头毛驴很老实，我常骑它到供销社给爷爷买酒，所以骑起来很自如。当然，毛驴跑不过马，常常是跟着跟着就跟丢了，我只好自己满坨子瞎遛，或者是碰上和我一般大的孩子一起边玩边看热闹。

打围和其他集体活动一样，是有规矩的。比如，猎物（如野鸡）被张三用沙枪打伤了，飞到李四跟前被李四打死，那野鸡则归张三，因张三击伤在前；再如，一只野兔如果被几只狗咬住，那谁的狗第一个咬到就归谁；再有，实在难以分清归谁，就比赛扔"套力棒"，谁扔得远猎物归谁，或者干脆谁也不要，就给旁边一个猎物也没有打着的人，这样的人往往是老人和孩子。我就有好几次拣过这种便宜，有一次还得了一公一母两只野鸡，用绳子绑上搭在毛驴身上驮回来，乐得爷爷摸着我的脑袋直夸我。那两只野鸡过

57

年时作为礼物送给了姥爷姥姥，又受到姥爷和姥姥的好一顿夸奖。

"围"字的联想

上学后我学会了"围"字，发现它真像小时候打猎的情景：四面一围，密不透风，野物往哪儿跑？还有和围有关的词：围困、围城、围剿、围裙、围棋、围绕等等，都能让人联想到打猎。

再大些，知道了"围魏救赵"这个典故，我突发奇想：齐国的田忌把魏国围住，不就跟我们家乡打围一样，把猎物惊动起来，然后达到目的吗？不同的是，田忌是要引诱攻打赵国的魏兵回来，而打围则是要把猎物捕获。

中国汉字，和我们的生活密切相关，"围"字只是一例。

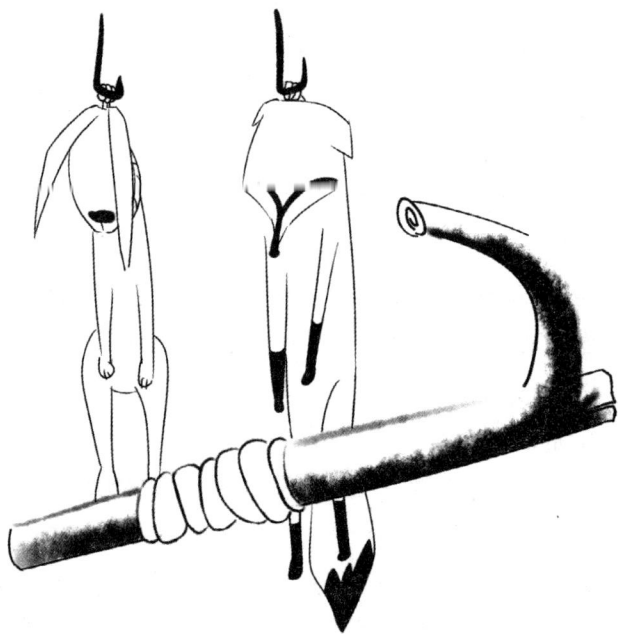

我的图书馆

　　"馆"字似乎和我很有缘，平时接触饭馆、照相馆、旅馆自不必说，我还在群众艺术馆工作了17年直到退休。再就是，我心中有个常常怀念的地方——内蒙古师范学院（现内师大）图书馆——那个绿树掩映的一座低矮的二层小楼。离开母校已四十多年，每当来到母校，我总要到那座小楼前驻足流连。望着那青灰色的墙体，那晚间每间屋子里透出的灯光，心里总是暖暖的，甜甜的，似又回到了青春时代。

　　那是一去不再复返的令人魂牵梦绕的岁月啊。

　　图书馆分上下两层，上层是藏书和报刊阅览室，底下一层是公共阅览室，分文科和理科两个。图书馆还有内部藏书，里面有古籍珍本、解放前的报刊，还有《金瓶梅》等禁书，但一般不外借，只有中文系等个别系的学生有特殊需要，开具系里证明，方可借阅。我曾为研究郭沫若借过三十年代的报纸，很是大开了眼界。至于《金瓶梅》等倒没借过，不是不想看，而是不敢。那年代比较保守，怕别人说是看"淫书"，思想不健康，影响进步。

　　图书馆几乎每天开馆十几个小时，早晨八点开门，到晚上十一点才关门。每天吃罢早饭，还不到开馆时间，图书馆门口便聚积了几十个人，等着开门，这几乎成了每天一道亮丽的风景。待管理人员一打开门，人们便呼一下挤进去。阅览室的座位像火车座，中间有个挡板，两边是大长桌子。坐在那里看书学习，看不见对面的人，很安静。因为那里

墙上贴着"禁止喧哗"的告示，那时我们对"告示"之类的东西是很当回事儿的；也因为凡去那里的同学都是为了学习，没人敢于也没人愿意破坏那里的安静氛围。除了翻动书页声或偶尔发出的轻轻的脚步声，那里永远是静悄悄的。我们就在这样的环境里常常是一呆一晚上，白天没课时也常去光顾，多会儿管理员要关门了，才恋恋不舍地离开。为了第二天不至于找不着位子，我们还常常把书本放在桌子上占座。那时丢东西的事很少，我们也就不怕书本被偷了。

楼上的报刊阅览室订了很多报纸，可随手翻阅，刊物则由管理员看着，想看必须得经同意并办理借阅手续，看完即还。管理员是个胖胖的老太太，我们都怕她。谁翻书翻得声音大了，谁看书时说笑了，谁借了刊物看的时间长了，她都会悄悄地走到你跟前，用手指头轻轻敲敲点点，并用眼神警告你，示意你该注意点儿了。有一次，我翻阅一本杂志时不小心把其中的一页撕破了，还回时被她发现了（她往往一页页检查，看有无破损），她立即从柜子里拿出一瓶浆糊，让我当场粘贴好，并在我阅览证上打了两个红杠，那是两天不许我借阅刊物的标记，就跟如今警察抓住违章司机后在他的驾照上作记录一样。刚开始我们都很讨厌这个女人，嫌她太罗唆，嫌她太厉害，可后来大家都挺喜欢她了，还常常和她开玩笑。再后来她就不见了，不知是退休了还是调走了。我们还挺想她的。

四五年时间，图书馆那暖暖的、亮亮的灯光伴着我度过了一个又一个夜晚。我就像个贪玩的孩子到了游乐场，看看这个，摸摸那个，似乎永远没有个够。图书馆给我打开了课本以外的天地，给予我知识的营养、做人的道理，以及后来能够适应工作的本领。在这明亮的灯光陪伴下，我从一个懵懂的少年慢慢成长起来了……

图书馆，是我无言的"老师"。

据说现在母校的图书馆已扩大了，又建起了新的大楼，里面的设施现代化了，藏书也大大地增加了。我真为后来者高兴，他们比我们那一代更幸福，因为他们拥有一个更现代化的图书馆。可对于我和我的同学们来说，那绿树掩映下的青灰色二层小楼，却是心中永远的风景。

我会一辈子记着她，念着她。

【相关字词】艺术馆 体育馆 博物馆 馆藏 馆长

方言中的汉字

　　我们的国家，地域辽阔，由此形成了很多方言。同一个汉字，在不同的方言里，读音会不一样，也就有了不同的效果，如"去"字，普通话读"qù"，去声，而在山西、内蒙古西部一带念成去声"kì"；"女"字，普通话读作上声"nǚ"，而晋蒙地区则念作去声："nǚ"；"你"字，普通话读"nǐ"，在粤语中读音和"侬"相近。等等。

　　因为读音不同，在人际交往中，常会闹出误会，甚至笑话。听到一个故事：香港一位博士来京讲课，由于室内暖气太热，他想把窗子打开，便问大家："你们冻不冻，不冻我要开窗了。"这句话，由他的粤语口音一说，竟变成了"你们动不动，不动我要开枪了"，众人开始莫名其妙，等明白过来又大笑不止。

　　方言是地域文化的产物，是在长期生产生活中形成的，自有它的地域优势。有的方言在表情达意、描物写状方面有着独特的、难以替代的功能，其"只可意会，不可言传"的韵味，是其它地方的语言所不具备的，所以，方言在某一地区的生命力经久不衰，有它一定的道理。过去听过一个相声，是侯宝林大师说的，里面讲到方言，说一个人夜半上厕所，另一人发现，两人有一段对话。他举了不同地区方言的说法，有的罗唆，有的简洁，其中北京话是："你是谁？""我是我！""你干嘛？""我尿尿！"而山东话最简洁："谁？""我！""拽（zhuā）？""尿！"同一个相声里，侯大师讲上海话好听，每一句都像在唱歌。他举了个例子：一个女人请嫂子把沙发上的毛线递过来，按普通话说"嫂子，你把沙发上的毛线拿来"，而经上海女人一说，便成了一句乐谱："索索，米发洒发洒的模谐拉来"，乐谱中七个音节都有，抑扬顿挫，如听音乐。

可见，不同方言有它不同的魅力。

普通话，因其标准性和大众化，大多数国人都能接受，所以，我们国家把普通话作为官方语言进行推广。但提倡普通话，不是消灭方言，而是为了社会交往的方便对语言进行的一种规范。在推广普通话的过程中，小学教师起着很大的作用，他们从小学开始，就以普通话为标准，给不同地区、不同口音的学生教授汉字的读写，为学生们后来的学习打下基础，所以，对老师的语言要求应该是很高的。但由于师资力量分配不均，各地老师的普通话水平参差不齐，教学中难免良莠夹杂，甚至会弄出笑话。

听朋友讲过一个故事：内蒙古西部山区某地有一个小学老师，平时说话是当地方言，而教学生认字则需念标准的普通话发音。她在教"麦"字时，把"麦"念得很标准："mài"，去声，可解释时又念成"mià"，去声，于是，学生们跟着她朗读时，都成了这样的腔调："mià 子的 mài"。

这当然是笑话，但"师者，所以传道受业解惑也"，可以看出，教师在推广普通话的工作中是起着举足轻重的作用的，也可看出，推广普通话需要花很大力气，任重而道远。

【相关字词】 去处 女孩 你好 麦田

怀念激动

"激"字和"动"字组成"激动"这个词，表示感情因受某种刺激而冲动。说起"激动"，我就不由想起发生在自己身上的两件事。

第一件发生在上小学五年级时。那是冬天的早晨，我迷迷糊糊地醒来，以为天亮了，便赶紧爬起来，背上书包就往学校跑。街道上冷冷清清，没有一个行人，店铺都关着门，连路灯都灭着，偶尔从黑暗的胡同里蹿出一条野狗，"嗖"一下就没了踪影。只见一盘圆圆的大月亮高高挂在西边天上，也是冷冷的。我还奇怪，怎么今天这么寂静？但却没想别的，一门心思向学校走去。待到了学校，见大门关着，我就敲，敲得砰砰响。好半天，收发老头出来了，边向皮袄袖筒里缩胳膊边嘟囔着什么。他拉着了门灯，看见是我，问我干什么？我说上学呀。他说，上学？才几点你就来上学？我说几点？不是天亮了吗？他说，天亮？天亮个蛋！才半夜一点，你是睡迷瞪了吧？

啊，才半夜一点？我如梦方醒。怪不得街上冷冷清清，怪不得……

这不是某部小说里的情节，这是真实的事情，它发生在1955年一个冬夜。那一夜，我明白了什么叫激动，激动可以让人忘乎所以，激动还能让人行为怪诞。冷月寒夜，我让收发老头狠狠训斥了半天，灰溜溜地返回家重新钻进被窝的情景至今历历在目。这是我记事以来人生中第一次激动，原因在现在看来是很可笑的：头一天老师宣布我加入了少年先锋队，这一天要宣誓。十三岁的我把加入少先队看成一件神圣而无比光彩的大事，以致激动得一夜翻来覆去没睡好，才发生了蒙蒙怔怔"半夜上学"的事。

还有一次是发生在 1973 年，那一年的 10 月 5 日，我入了党。入党第二天，我就独自一人下乡采访，下了火车行走在乡间小路上时，忽然想起昨天的党员大会，一股热血不由涌上来，嗓子里热热的，似有东西要喷涌出来，便不由地高声喊起来：啊——啊——我是党员啦，我是党员啦……那会儿，我看树是绿的，看水是清的，看鸟儿是亲的，脚下的沙土路也是格外温暖绵软的了。想那时刚过而立之年，正是血气方刚、"少年意气，挥斥方遒"的时候，青春的热血是很容易沸腾燃烧的。

能激动是件幸事。随着岁月的流逝、年龄的增长，我发现我越来越难以激动了。无论多么大的喜事幸事、多么让人高兴的事，譬如涨工资啦提职啦中奖啦，虽也高兴，但却难以兴奋激动起来，如 1955 年那个冬夜那样。报纸杂志电视上说有人观球激动得发了心脏病，看电影能被感动得中了风送到医院抢救，就觉好笑：至于吗？何苦呢？是岁月的风尘蒙蔽了日渐疲惫的神经？还是跌跌撞撞的人生路途磨损了本来就不太灵敏的大脑，使它变得迟钝、麻木、萎靡？生理学上可以解释为：老了，可心理学呢？难以圆说。杜子美听到官军收复了"河南河北"，激动地高唱："初闻涕泪满衣裳""漫卷诗书喜欲狂"。那时老杜已是五十多岁的人了，还能如此兴奋，看来不是年纪问题。

激动不仅仅属于年轻人。

我还会"激动"吗？我想应该会。因为我怀念激动，怀念能够激动的年龄。

能激动，说明你还有一腔热血，你的心还没有老去，

还有追求，还对未来有着年轻人般的渴望和憧憬。

　　年轻学子们，你们有没有过激动的时刻？我想不会少的，珍惜它吧，那是一种美好的感情。

【相关字词】

激情 激动 激昂 激进 激流 激将 激活

愿把美丽带给人间

cǎi

彩

彩

小篆

hóng

虹

虹

小篆

　　"彩虹"这两个字，看了就让人舒服。"彩"是鲜艳的颜色；"虹"是大气中一种光的现象，由赤橙黄绿青蓝紫七种颜色组成，两个字合起来成"彩虹"。

　　我很喜欢这两个字，还曾把主编的刊物起名为《彩虹》。

　　生活中常见这种自然现象：雨后的天空，蓦地飞起一座七色桥，人们赠她一个美好的名字：彩虹。彩虹斜贯苍穹，瑰丽多姿。在她的映衬下，蓝天纯净如洗，空气冰清玉洁，山野和大地脱去风尘蒙染的外衣，显出原有的俏丽姿容。于是，万籁寂静，天人合一，融入梦幻般的仙境，寰宇便也活泼泼一片生动。一切烦恼、忧愁、压抑、痛苦、悲伤，都在一瞬间化为乌有，人们的胸怀顿时能行船、能跑马，变得无比宽大和辽远。

　　彩虹美，也带给人间一片美丽。

　　记得小时候，每当天空中出现彩虹，母亲总是牵着我的手奔出屋外观看。因为我的家乡属干旱的半沙丘地区，年降雨量少，难得一见雨后的彩虹。我被这大自然的杰作惊骇，不免指指点点，母亲便急慌慌地制止我，说指彩虹会烂手指头，我便吓得急忙缩回手。长大后我才明白，烂指头一说，纯粹是大人的把戏——他们是怕彩虹会突然消失，是想让彩虹多在天上待一会儿。彩虹寄托着他们的心愿，因为只有下雨，才会有彩虹，只有雨水充沛，才能有好年景，也因此明白了为什么草原上有那么多姑娘的名字叫"索龙嘎"

（彩虹），为什么内蒙古自治区最高文学奖叫"索龙嘎奖"，为什么全区文化长远规划命名为"彩虹文化计划"。

草原人爱彩虹，因为她不仅美，而且是祖祖辈辈心目中吉祥如意、幸福美满的象征。

彩虹多姿多彩，她把人世间的酸甜苦辣、悲欢离合，凝结成七彩斑斓，把赤橙黄绿青蓝紫融为一体，又各显其态。她出现在乌云、狂风、雷电——能量的积蓄和撞击，力的拼搏和较量之后，尤显珍贵；她飞旋于天地之间，像一座长桥把天空和大地连接起来，不单调，不孤独，不高傲。她不论东南西北，人不分男女老幼，都喜欢她、爱她。看到她，人们会抖净在激烈的社会竞争中产生的疲劳，扬起远征的风帆，去采撷事业成功的果实；也会在心灵深处营造起在拼搏之后修身养性的憩园。彩虹缤纷斑斓，内涵丰富，但她不去追赶低级庸俗的时髦，不去夸赞自己的华丽，她扎扎实实地把天和地连接起来——把天籁之音传给大地，把山野清风送上蓝天，把希望与期待、清新与隽永、质朴与自然、纯情和爱心统统融进自己的怀抱，然后归还给上天和大地。她不需要回报和赏赐，唯求人们喜欢她、欢迎她、爱护她，在她飘然而现时，予以一丝微笑，一缕真情，一句发自心底的赞许和祝福。

自然界的彩虹会慢慢消失，然而，她留在人们心中的美却会永存，因为她是为天地而生，为人类而生。她的美会陶冶人们的性情，帮助人们插上飞翔的翅膀，穿云破雾，搏击风浪，去领略人生路途中的无限风光。

人生需要灿烂，需要高尚和绚丽。愿彩虹在人与人之间、心与心之间架起一座温馨、慈爱、理解、友好的桥梁，把美丽永留人间。

广告，想说爱你不容易

guǎng
广

廣
小篆

gào
告

告
小篆

"广"字，除大、多外，还有一种解释：扩大；"告"字，有解说、陈述、通知之意，这两个字连在一起成"广告"，即"广而告之"，就有了明显的宣传意味。

广告分公益广告和商业广告，前者是宣传方针政策、道德规范，没有经济利益考量，后者是为商业作宣传服务，带有明显的经济利益追求。如今，后者像一股从天而降的洪水，来势凶猛，无孔不入，浸入了社会生活的方方面面。

现今充斥在报纸版面、电视屏幕、网络上五花八门的广告，向人们展示各自的魅力，这还不够，楼顶、商铺、汽车、马路、摊位，凡是人眼能触及到的地方，都不缺广告的身影，甚至你在走路、乘车时也难以幸免，说不准突然有一张小广告斜刺里飞过来落入怀里，让你猝不及防，更不用说塞在门缝、喷涂在楼道或门窗上的乱七八糟的广告，让人防不胜防，徒叹奈何……

可以说，如今，我们已经生活在广告的海洋里。

广告，作为和商品生产一起诞生的事物，为推动商品生产、商业发达作出过特殊的贡献，历史功绩不可磨灭。

记得小时候常看到墙上大大的"仁丹"两个字，想来那就是"广告"了。

广告的真正繁荣是在改革开放之后，尤其是随着商品经济的高歌猛进，广告也如影随形，大大地发展起来，为商品经济的壮大作出了应有的贡献。但是，如今的广告也

出现了许多不尽如人意的地方，概括起来就是四个字：虚假、夸大。

广告本义应该和其他宣传一样，实事求是，有一说一地推介、解疑，但许多广告却背离本义，走上邪路，夸大事实，把一说十，把乌鸦说成凤凰，或把"子虚乌有"当"货真价实"来蒙骗消费者。小的如"专治疑难杂症""祖传秘方"之类的街头小广告，那几乎百分之百是蒙人的；大的如"双汇火腿肠"事件——"双汇"的广告曾铺天盖地，中央和地方媒体大肆鼓吹，就连小孩都能背诵出来，可是，揭发出来的事实却触目惊心，原来这个吹得神乎其神的火腿肠，竟然添加了有毒物质瘦肉精，坑害了无数人和无数个家庭，是货真价实的伪劣产品。这个天大的谎言被揭穿后，给人们的心理造成极大的伤害，人们在问：广告啊广告，我们该怎么相信你？

广告是一门艺术，做好需要智慧。作为宣传，广告有某种夸张，也是在所难免，可以理解。

"一毛不拔"这是牙刷广告，"天下第一厚皮"是皮鞋广告，这两则广告也有夸张，但它既恰到好处，又出人意料，还在情理之中，都很不错。

还有如一个美容店门口贴着这样一句广告词：请不要和从这个屋子里出来的女人调情，说不准她就是你奶奶。夸张得很吧？但人们并不会反感，反倒觉得很幽默、有趣。

但夸张不能违背事实，否则就成了虚假、虚夸，如本来只能治疗某种病的药，说成"包治百病""药到病除"，那是要害人的；某某产品只有某种功能，却说成有多少多少功能，那就是骗人了。

广告也和其他迅猛发展的事物一样，在其前进的道路上会出现这样那样的问题，出现鱼龙混杂的情况，但我们必须以对人民负责的态度，杜绝、打击虚假广告，保护受众利益，尤其是工商、公安等有关方面，作为第一道防线，更应该负起责任。

我们的态度是：欢迎好的广告，但拒绝虚假。

【相关字词】广而告之

凝练的思想

那是 1964 年一个寒风凛冽的冬日，我踩着木梯，站在一堵墙前，拿着一个毛刷子，沾着红油漆往墙上写大标语：农业学大寨，工业学大庆，全国学解放军。作为一个四清工作队员，这样的标语我已经写了无数，几乎把我们驻点的村子的墙都写满了。

标语在我们社会生活中司空见惯，任何时代都少不了它，任何工作都离不开它。标语是宣言，是凝练在文字中的思想。标语有导向性，因此带有鲜明的时代特点。

上小学和中学时，看到的标语多是"中国共产党万岁！""毛主席万岁！""抗美援朝，保家卫国""努力学习，做革命事业接班人！"；"文革"中最常见的是"打倒某某""将无产阶级文化大革命进行到底""抓革命""促生产"等；再后来标语五花八门，随时代的变化而变化，甚至各行各业都有自己的标语，如计划生育的标语有："只生一个好！""少生孩子多养猪"；交通方面如"要想富，多修路""宁停三分，不抢一秒"；医疗卫生方面的"治病救人，实行革命的人道主义"；教育方面的如"十年树木，百年树人"；体育方面的如"友谊第一，比赛第二""努力拼搏，为国争光"……

标语言简意赅，通俗易懂，便于记忆，几个字，一句话，概括了需要阐释的理念，是很好的宣传工具。但有些标语，无论是提倡、制止，大都是命令式，带强迫性，语气也生硬、武断，如"不许践踏草坪，违者罚款""毁坏公物，罪责难逃""随地大小便，罚款十元"等，甚至有的地方胡乱解读政策，提出些莫名其妙的标语口号。

有一次下乡，我见到村子里墙上居然写着这样一条标语：孩子不上学，父母要坐牢！这个标语可能是强调要普及九年义务教育，不让一个孩子失学，但如此宣传，显然是"歪嘴和尚念错了经"，难道父母只因孩子不去上学就要去蹲班房吗？而且，语气颐指气使、态度蛮横霸道、架势居高临下，立标语者可能想达到震慑的目的，但效果是让人看了很不舒服。

随着生活形态和思想观念的变化，标语口号也在渐渐发生改变，由过去的"命令式""强迫式"变得人性化，如"小草也有生命，请勿踩它""别踩我，我疼"；有些公路上，把"超速者，死路一条""超速行使就是走向死亡"等带诅咒式的标语，改为"司机同志，您的家人在等您回家""您疲乏了吗？请歇歇再走"。这种温馨的提醒，既体现了告知者的良苦用心，达到了告知的目的，也让观者如沐春风、如逢甘雨。

有一天，我到某局办事，一进楼门，见几个大字：有事请上二楼。下面还有一行小点的字：请您慢走，小心滑倒。记得这里以前挂的字是"闲杂人员一律不得入内"，何时改的呢？改得好啊！

俗话说，"良言一句三冬暖，恶语伤人六月寒"，同是一个意思，不同的表达方式会有不同的效果，从中也体现了社会的文明程度。作为公共场合悬挂的宣传用语，标语更应该有所讲究。

"标"字，有表明的意思，加上"语"字组成"标语"一词，就是用简短文字写出来的有宣传鼓动作用的口号。

标语是凝练的思想，能传情达意，又是一面镜子，可以照出许多问题：社会风气、城市品位、当政者的素质、百姓的向往……

标语是汉语中又一道风景，我们一定要好好爱护它，使我们的标语口号多一些文明，少一些蛮横。

【相关字词】标记 标点 语言 语文 华语 话语

"假"也很好

jiǎ

假

假

小篆

　　"假"字，带贬义，假烟、假酒、假药、假票……现如今假的东西层出不穷，年年打假，年年冒假。假冒伪劣给人们的生活带来的危害真是罄竹难书。

　　可是，假的都不好吗？不见得。

　　那天在马路上散步，偶见路边草地上正有几个穿着黄背心的工人，背着喷雾器在给草地喷洒着什么。时令是春节已过，元宵花灯刚摘下，龙还没有抬头，北国仍是寒风凛冽、树黄草枯的季节。走近一看，嘿，他们在给草地上的枯草喷洒绿色呢。只见刚刚喷洒过的地方，枯黄的草已变色，往远处看，路两边已是一片葱绿，就像是阳春三月突然来到了人间。我在心里暗暗为此举称道：谁这么聪明，竟想出这样妙的高招，把春天提前两个月接回了北国？明知那绿是假的，可看着心里舒服，心情马上就和看见枯草不一样，你说这假绿有什么不好？

　　由此联想到一个哲学命题：任何事物都有两方面。就说假吧，生活中还真是缺不得。譬如假花，我看就很好，我家花瓶里就插着不少，艳艳的，把屋室装点得亮亮堂堂。假花不但好看，还好伺弄，不须浇水施肥，还不怕生虫子，不怕水多了水少了，太阳光强了弱了冷了热了，只需在它落上尘土时清洗一下便又容光焕发，艳丽照人，照旧居室生辉，悦目养心；再譬如假山假水，山水乃天地之灵气所聚，无人不向往，但山遥遥水迢迢，人难得常以相伴，弄

75

一二状似奇峰怪岭之石块，置于几尺长的陶盆中，盆内盛一汪清水，于是一幅山水景色便跃然而成，或几旁，或墙角，或窗台，山山水水便可与我日日相亲，可观"会当凌绝顶，一揽众山小"的泰岳风采，亦可赏"水光潋滟晴方好，山色空蒙雨亦奇"的苏杭美景，更不用说各地兴建的"微缩景观"了，你可以身在国内，遍游埃及金字塔、巴黎卢浮宫、美利坚的尼加拉瓜大瀑布、非洲撒哈拉大沙漠……

又想到一个哲学命题：任何事物都不是绝对而是相对的。真也好，假也好，区别其好坏，唯一标准就是看它是对人们有利还是有害。有利，就是好的；有害，就是坏的。假烟假酒假化肥假证件甚至假"官"，危及人的健康和生命以及社会公平，属有害，自然在痛打之列、铲除之列、消灭之列。年年有个"3·15"横扫一下，非常必要。我说的"假也很好"，是想说我们对无论什么事都应从两方面去想，过去那种片面、单一、直露的思维模式已不适合于今天这个多元的时代，"非此即彼"的主观片面也不符合社会生活丰富多彩的真实面貌。

话题回到"3·15"，广场上又燃起了焚烧"假冒伪劣"的熊熊大火，人见人喊痛快。可人们想过没有，今年的大火是去年前年甚至多少年前大火的延续，明年的大火肯定还会熊熊燃烧，也许比今年还要旺。为什么假冒伪劣屡禁不止？广场上的大火什么时候才能不再燃烧？其实这是一个非常简单的问题：就如树，有根有叶，大火烧的是叶，其根还在，消灭的方法只有一个：刨其土，断其根。同时"以真击假"，用真的好的来战胜假冒伪劣，使真的好的更加真，更加好，如此则假冒伪劣难再有市场。从这个意义上来说，"假冒伪劣"又是个好东西，它促使真的好的在与之搏斗中强健其生命力，最后战败它。

曾听过这样一个故事：有一地狼祸频仍，为保护鹿种，人们开始打狼，狼消灭了，鹿们安宁了，却也懒惰了，养得脑满肠肥，一身赘肉，失却了攀山越岭的矫健，鹿种日渐退化，几近消亡。后来人们意识到如此下去后果不堪设想，便停止打狼，才使鹿恢复常态。这是讲的生物链，社会生活怕也是如此吧。

【相关字词】假货 打假 假话 假山

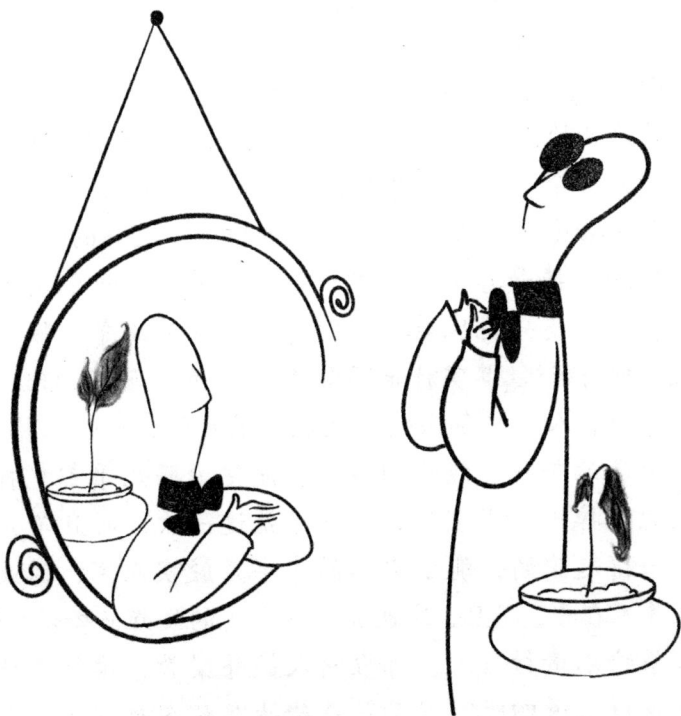

77

欢欢喜喜过大年

说起过年，大多数人都会有许多美好的记忆，尤其是对于儿时的过年记忆。我们那个年代，物质是贫乏的，但"少年不识愁滋味"，每到过年，烦愁是大人的事，孩子们除了欢乐还是欢乐。

杀猪迎年

年的气氛，从阳历年就开始渐渐浓起来，因为阳历年前后是杀猪的日子，对孩子们说来，杀猪那天是个节日，是过年的第一个小高潮。早晨，请来的"屠夫"（专门干这一行的）带着专门的刀具来了，在猪的撕心裂肺的惨叫声中，大人们脸上挂着喜色，进进出出忙碌着，孩子们在人群里钻来窜去，高兴地玩耍、嬉闹着，等待着晌午一顿美美的好饭。所谓好饭，其实就是高粱米肉粥，加上灌肠，好饭的好，还在于全村人几乎都来吃，就显得很热闹，吃起来格外香。那顿饭从晌午一直能吃到傍晚，能把灌肠几乎都吃掉，猪肉也能吃掉小一半。不过，一年就这一次，而且不是每家都能杀得起猪的，能杀得起的多半是殷实人家，因此，主家也并不在乎，而且，这也成了不成文的规矩，家家都这样，谁家杀猪不请村里人，那准叫人戳脊梁骨，谁愿意让人指指点点说三道四呢？况且，杀猪请客既图热闹，也有夸耀的意思——在孩子们心里也如此，"我家杀猪了！"成了孩子间相互显摆的的资本。

备年货

吃完杀猪那顿饭，一直到腊月二十三，就几乎见不到肉星子了，因为剩下的猪肉被埋进了场院里挖的一个坑里，上面浇上水，水结成冰，冻得结结实实。腊月二十三，我早早起来，和父亲一起到场院，刨开冻土，把埋在坑里的半扇猪起出来。

猪肉硬邦邦的，带着冰碴和泥土，父亲扛回屋里，放在外屋地上缓，等缓得差不多了，他就用刀把猪头砍下来。我问："砍猪头干啥？"父亲说："供灶王爷啊，灶王爷今天要到天上去了，给他吃猪头解解馋啊！"我问："那咱啥时候吃呀？"父亲说："到年三十吧，咋，馋了？"我咽了咽口水说："没……没……"

年前最高兴的是准备年货，大人们准备吃的穿的用的，我们小孩子就是盼望能做一身新衣服，再就是买鞭炮。鞭炮得到三十里远的县城郑家屯买，每回都是我自己去买。快到年底，天蒙蒙亮就起来，跟着父亲，他赶车，我坐在车后面，牛车晃晃悠悠，走得很慢，三十里路走五六个钟头。到街（我们那里叫 gāi）里后，父亲买年画、写对联的红纸，还有其他年货，我就专门往鞭炮摊上瞅。虽然回来时还得走五六个小时，到家已满天星斗，又冷又累，但对我来说，这一天无疑是最高兴的一天，因为过年时可以和小伙伴们比赛谁的鞭炮最多最响了。

守岁

年三十开始，年节气氛就浓了。早饭是手把肉，母亲把头几天剔下来的猪骨头炖得烂烂的，盛在一个大盆里端上

桌子，全家大小就狼吞虎咽起来。晚上就是大年夜，讲究守岁，大人孩子都不睡觉，一直到天亮。我和小伙伴们提着自做的灯笼（用罐头瓶，也有用纸糊的），灯笼里点上蜡烛，这家进那家出，满大街跑着玩。有一年，我的灯笼是用纸做的，玩耍时不小心灯笼着了，烧着了衣服袖子，吓得我哇哇大哭。母亲赶来帮我把火弄灭，好在没烧着皮肉，母亲一个劲地安慰我：不怕，不怕，火烧三年旺，我儿子要走好运啦！

拜年

说是一夜不睡，但许多人都坚持不了，尤其是孩子们。我玩到后半夜就困得不行了，回到家，倒在炕上就呼呼睡着了，第二天母亲拍打我屁股，叫我快醒醒，说人家拜年的都走了。我一骨碌爬起来，揉揉眼睛，急忙穿上母亲给做的新衣服，跑出门。大年初一，我们小辈都穿上新衣服，去给村里年纪大的长辈拜年，常三五一伙，结伴而去，一起进这家出那家，凡有年长的人家都进去，进去就跪在地中央，向端坐在炕头的老人磕头，老人们则说些祝福的话，如"安康幸福""升官发财"之类。

因为有过年的习俗，便有了年这个字。年，古人把它定为"禾"旁，可能是寓意年一到，禾苗成熟了。据说年是古时是一种动物，叫夕，它能给人带来坏运，年一来，树木凋敝，百草不生，年一过，万物生长，鲜花遍地。于是，人们便用鞭炮来轰它，就形成了过年放鞭炮的习俗。如今的年，和我小时候大不一样了。过年过年，年年过年，但"岁岁年年各不同"，对年的感悟，也是"人各相异"吧。

礼 物

礼

礼

禮

小篆

"礼",在古代有祭祀的意思。"礼"字左为示,右是繁体的丰,丰收了,就要进行祭祀活动,以谢老天爷的恩典。

中国人讲究礼节,过年过节都要送礼,以示友好。"礼尚往来"这个词,就是古人相互馈赠的写照。如今也讲送礼,比如过教师节给老师送个贺卡,同学过生日送上自己制作的小工艺品,等等。

礼物有时代特点

上世纪五十年代和六十年代初,送礼一般送糖果、糕点。看吧,每当过年,人们骑着自行车或步行,都是拿的这些东西;文化大革命中,兴送毛主席像章,毛主席语录,毛主席画像,无论年节,还是结婚庆典,如能得到来自亲朋的上述馈赠,那是很高兴很荣幸的;后来,变成了烟酒,或者土特产;再后来,随着人们生活水平的提高,送礼的档次也越来越高,所送的东西也越来越贵重,人参、鹿茸、冬虫夏草,成了礼物,还有的送健康,如补品、保健器械等,当然,烟酒也是照送的,可一般低档的送不出去了,改送高档的,烟如中华、熊猫,酒如茅台、五粮液,甚至有几千元的烟酒。当然,这些高档的东西,一般百姓亲友间是不送,也送不起,那是另外一种"送礼",这里就不去说它了。

礼小情重

那一年，中学毕业，相处了三年的同学们，在即将天各一方的时候，都有些恋恋不舍，开始悄悄地互赠礼品。礼品中最普遍的是一寸的黑白照片，照片背面写上几句赠言，或鼓励，或叮咛，或惜别，颇有"劝君更进一杯酒，西出阳关无故人"的味道。再就是赠送笔记本，就是那种硬纸皮的，里面有几页彩色画的，扉页上也题上几句话，也是鼓励叮咛惜别之类。除了相片，我就收到好几本这样的笔记本，它们后来被我当作日记本，记录下了我的足迹，收藏在书橱里。每当翻开日记，首先看到的便是那扉页上熟悉的笔迹，便想起了那个人，和他（她）的音容笑貌，还有我们在一起时的许许多多有趣的往事。

得体送礼

送礼要得体，不然，不如不送。因为送礼，有些人还闹过笑话。一个女生对教了她三年的一个男老师很感激，临毕业时想送老师一件礼物，送什么呢？琢磨了半天，也没想出个合适的。有一天上街，见一个商店搞活动，皮带大甩卖，她本来家里不富裕，一看200多元的皮带才卖30元，就上去抢购了一条，回来后送给了老师。结果，老师爱人大发雷霆，吵着闹着要和老师离婚。原来，一般有讲究，正常关系的男女之间不宜送手表、皮带之类，送这类礼物的应是情人，表示要永远把对方拴住。天真的女生哪里会想到这一层？结果闹得很尴尬。

变味的送礼

上面说的是正常的人与人之间的送礼，但现在，有些送礼也变了味，成了变相的贿赂。官场、商场，甚至神圣如教书育人的学校、治病救人的医院也被这种污浊的味道熏染，这就把本来很圣洁的送礼妖魔化、商品化、铜臭化了，这是我们的老祖宗没有想到的。《礼器》里说："忠信，礼之本也，义理，礼之文也。无本不立，无文不行。"这个礼，讲的虽然是礼节的"礼"，但可以引申出：送礼这个事情和其他事情一样，都得讲忠信和义理，否则，把送礼作为达到某种目的的桥梁，甚至为此不惜损害国家和人民利益，那就和传承了几千年的文明的初衷南辕北辙了。

【相关字词】礼尚往来 礼义廉耻 礼物 礼拜 礼节

83

"夸"的妙用

kuā

夸

誇

小篆

"夸"字，字典上解释，有夸大和夸奖两种意思，而在实际生活中，我们可以随处见到这两种现象，也就是说，"夸"是社会生活中人与人之间不可或缺的一种表达方式。

某件事，本来是芝麻，却被说成西瓜，此为夸大；两个女人见了面，一个夸另一个年轻漂亮，另一个则夸对方身材苗条、气质高雅，于是，两个人就其乐融融，相见恨晚；到久违的朋友家串门，见友人的孩子，抚其头夸其聪明可爱，友人自会喜上眉梢，乐不可滋，此为夸奖。

夸人总比骂人受欢迎，这是常理。人非圣贤，谁不愿听好话？虽然夸得可能有些水分，也可能连被夸者也觉得有夸大之感，甚至明知夸出了格说的是假话，但从心理上还是会乐于接受。

鲁迅先生讲过一个故事，某人生一孩子，大家去贺喜，都夸这个孩子将来能做大官、发大财，主人自是兴奋异常，但一人却说该孩子将来必定会死，虽此人说的是真话，但却惹得主人不悦。此类现象，生活中随处可见，孰是孰非，看从哪个角度去理解。在那种场合，说些好听的话，即使是言过其实，也令人受用；那个说孩子将来会死的人，虽说理不糙，但话糙——选错了时间和场合，自然不受人欢迎。

夸要掌握尺度，夸得恰如其分，过了头，便成了拍马。夸是表达感情，捎带有鼓励的意思，拍马则是为了"骑马"，不是为拍而拍。无论哪种，如运用得当，恰到好处，就会事半功倍。

　　明朝有个文人解缙，很有才，深得开国皇帝朱元璋喜爱，不过，此人除了确实有才，还有一个本事：善拍。他写过不少马屁诗，其中最著名的，莫过于有一次与朱元璋钓鱼时，解缙钓了不少，而朱元璋却一条没钓着，解缙于是立马做诗云：万岁君王只钓龙。解缙这个马屁拍得恰到火候，令朱皇帝很受用，常说他和解缙"情同父子"，甚至到了解缙写字时老朱在旁端墨伺候的地步。更有一秀才，因拍了阎王的马屁，居然延寿 10 年。说的是一个寿数已尽的秀才，去见阎王，阎王偶放一屁，秀才即作《屁颂》一篇："高耸金臀，弘宣宝气，依稀乎丝竹之音，仿佛乎麝兰之味，臣立下风，不胜蕊馨之至。"阎王大喜，遂给他增寿 10 年，放他回了人间。

　　夸得适度，大则于国，可颂成绩，扬国威，鼓士气，小到个人，会润滑人与人之间关系，促进团结和谐。譬如我们的媒体以正面宣传为主，弘扬社会主旋律，实际上就是在"夸"。宣传、表扬本身就是"夸"。但如果"夸"得过分，夸得不实，那就成了"夸张""虚夸""浮夸"。大跃进时某地上报亩产粮食几万十几万斤是典型的"夸"得过了头，"夸"成了笑话；"文革"中把领袖"夸"成了神，说他的话"一句顶一万句"，他的理论是"马列主义顶峰"，他是"最红最红的红太阳"，等等，不一而足，直夸得他老人家自己都不相信了。其实，这种余毒，至今并没有消除，其实，"夸"得离谱的事情在我们身边仍时有发生，如某些地区明明百姓生活很苦，却大夸本地 GDP 如何如何快速增长；明明房价快把百姓的腰压弯了，还说居者有其屋，百姓享安居；明明出了煤矿事故，死了人，不去总结教训、追查责任，却大搞庆功会，表彰救援的及时、成效……

　　写到这里，不由想起一则笑话：某人夸人成习惯，见女人夸其漂亮，见男人夸其英俊，后下乡睡老乡家，夜半有

一肥猪拱进门，此公恍惚中张口便夸：来者真富态也！这虽是笑话，但说明，什么事情如果成了习惯，就很难改了。

　　夸人不要过头，被夸不要飘飘然，还是那句老话：实事求是为最好。

面子——一个人的尊严

miàn

面

圆

小篆

最近媒体上流传着一个故事，很感人：长春市一个叫刘大军的馄饨店老板，看到一个老年乞讨者买馄饨时常用游戏币付款，但他没有揭穿他，照样盛馄饨给他。旁人不解，他说，老人可能也不知道那是游戏币，再说了，即使他是乞讨者，他也有脸面，咱得给人家留个面子啊。

面子，就是尊严。尊重每一个人的尊严——哪怕他是一个乞讨者。馄饨店老板的做法受到一致称赞，是很自然的事情。

"面"字是象形字，方方正正，圆圆鼓鼓，多像一个人的脸。《现代汉语词典》解释"面"字，第一条就是：头的前部；脸。人身上的零件很多，个个都不能缺少，但在人们的意识里，唯有脸是最重要也最显要。人和人相见，首先是看到脸，喜怒哀乐，都能从脸上看到，尊贵卑下，都写在脸上；认识一个人，就是认识那张脸。所以，某种意义上，说张三李四，实际上说的就是他们的脸，因此，脸面代表着一个人。"打人不打脸""要给人留面子"，犯了错误或做错了事叫"丢脸""丢人"，说的都是一个意思：脸面重要。

中国人是讲面子的民族，在某种情况下，宁可丢掉头颅，也不能失去面子。古时候对犯罪的人，在发配时脸上刺上字，以示惩戒，林冲发配沧州时脸上就刺了字；苏武出使匈奴时，单于在接见时要在苏武脸上刺字涂墨，叫"黥面"，苏武认为这是对大汉朝的侮辱，以死相抗，单于只得作罢。《古代

笑话选》里有一个故事：一个人不小心放了屁，觉得不好意思，丢了面子，便想掩饰，遂晃动座椅，发出"吱吱"声，结果还是被人揭穿，旁边的人说："还是刚才那一声像屁。"

爱面子是好事，说明一个人知羞耻，明事理，懂规矩，一个不顾脸面的人是什么坏事都能干得出来的。但要面子也要适当，不能过头，不能"死要面子活受罪"。一个人犯了个错误，本来不大，可他怕别人小看了他，就掩盖，结果形成习惯，错误越犯越大，最后不可收拾，许多贪官就是这样一步步走向深渊的。听一个当老师的朋友讲过一件事：他教的班里有个学生，人很聪明，成绩也一直很好，就是虚荣心太强，什么都要争第一。有一次考试，这个学生没有考好，排名从第一降到第九，有同学便开玩笑，说他是从"带头大哥"变成"臭老九"了，这个学生受不了，觉得在同学老师面前丢了脸，于是在一个晚上投河自杀了。生命重要，还是面子重要？这个学生为了所谓的"脸面"做出这样出格的事情，给家庭、父母造成痛彻心扉的伤害，是很不理智的。

"面"字组成的词很多，有褒义也有贬义，也有不褒不贬的中性词。我们要做到顾"面子"，但不要为了"脸面"就希望做事情"面面俱到"，成天戴着"面罩""面具"，那样不但很难，会使自己累得"面黄肌瘦""面目全非"，还会"面相"变化，"面目"可怜，到头来"面容失色"了。

挖跳兔

tù
兔
兔
小篆

那晚宝柱来家，悄悄约我明天一起到西坨子去挖跳兔，我高兴极了。好长时间没下雨，昨天老天爷哭得昏天黑地，泪水把大地都浇透了，正好能挖跳兔了，因为下过雨后，跳兔的洞口翻出新鲜的浮土，好寻找。

跳兔是我们家乡坨子上生存的一种小动物，个子不大，体重也就半斤，样子有点像兔子，但和兔子不同，它前腿长，后腿短，跑起来一蹦一蹦的，像在跳，所以叫跳兔。跳兔平时在洞里待着，只有晚上出来寻觅食物。跳兔很鬼，它的洞穴又深又长，而且曲里拐弯，每每出来寻找完食物，回洞里时就把洞口从里面用土堵上，所以，平时人们很难发现它的洞，只有下过雨后，它堵洞口的土很显眼，才容易被发现。更绝的是，跳兔很聪明，它还会开"后门"——如果人从"前门"挖它的洞，它就从"后门"跑出去逃走，而这个"后门"门口用薄薄的一层土掩盖着，并不露在外面，当它面临危险需要逃生时，便一头顶开"后门"，逃之夭夭。

我们俩来到村西的马家坨子，这个坨子跳兔多。他在前，我跟在后面，还领着我家的细狗大黄，顺着坨坡的沟沟岗岗仔细寻找。宝柱是我们中挖跳兔的高手，每回都没有空手过。他走着走着，突然喊了声："这儿，这儿有一个！"便站在那里不动了。我跑过去一看，果然，一簇新土，像一朵绽放的莲花，卧在一个斜坡上。宝柱说，你站远点，注意点附近，我来挖，说完，就脱了外衣，往手心里吐了口唾沫，开挖起来。

坡上的土一锹一锹被挖去，洞口始终张着口，可就是越来越深，越来越往下，宝柱不得不挖大作业面，到后来，几乎站在坑里了。他边挖边冲我喊："看着点，别让它从后门跑了！"

我不敢怠慢，眼睛一刻不眨地向四下了望，很怕跳兔不知从哪里突然就蹦出来。我看宝柱累得满头大汗，就说："你上来，我来挖一会儿吧。"他说行，就直起身子，挂着锹往上走。恰在这时，我眼前一亮，在不远处的斜坡上，"噌"地冒起一股土，接着，一只跳兔"嗖"地钻了出来，蹦起有二尺高，落地后向远处跑去。几乎就在跳兔钻出地面的同时，在我脚下卧着的大黄猛地跳起，向跳兔逃走的方向追去。

说时迟那时快，本来还在坑里的宝柱不知什么时候已经跳出来，手拎套力棒，向坡下追去，我也撒开丫子跟着跑起来。跳兔因为前腿长，下坡跑得快，而大黄正相反，下坡时常跌倒，便被跳兔甩掉，跳兔上坡就不行，跑得很慢，所以几次都差点让大黄追上。但跳兔还有一手绝活，跑着跑着，它会突然来个90度角的急拐弯，一下子把眼看就要追上它的大黄甩个嘴啃泥，大黄只好站起来接着追。我俩也帮着大黄前追后堵，人，狗，跳兔，在沙坨子上沟沟坎坎、坡上坡下兜起圈子来。直到在一个上坡处，大黄一口咬住了跳兔的后腿，把它掀翻在地，然后又一口叼了起来。

大黄是训练有素的狗。它把跳兔叼在嘴里，并不咬死，而是跑到我俩跟前，也不放下，就那么等着我们去从它嘴里取。跳兔还是活的，它怕放下了就会跑掉。我俩抓住跳兔，它就极力挣扎，可它哪能跑得掉呢？

那天我们共发现了三个跳兔洞，但那两个都没有抓住，都从后门跑了，没有追上。不过，能抓一个也算不小的成绩了，回来后村子里的小伙伴们见了，都美慕得不行。小个子额尔顿跟在宝柱屁股后面直求："哥哥，给我吧，哥哥……"

　　宝柱像一个胜利归来的将军，一挥手，说："拿去玩吧，可不能弄死啊！"额尔顿顿时乐得屁颠儿屁颠儿的拿上跑了。

【相关字词】龟兔赛跑　守株待兔　白兔　灰兔

suān
酸
小篆
tián
甜
小篆
kǔ
苦
小篆
là
辣
小篆
xián
咸
小篆

闲话“酸甜苦辣咸”

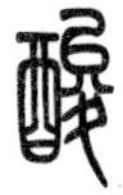

绍忠老友：

你好。邮件前两天收到，你不愧是从教多年的语文老师，你有关中国汉字的谈话，让我很受启发。其实，汉字作为世界上四分之一人口的文字，有着几千年的演化历史，它的丰富多彩、斑斓多姿是一言难尽的。你在来信中说了许多汉字的演变、进化，很有见地。今天，我想从另一个角度，谈谈对一些字的理解，也算一种另类解读吧，一方面是“借字发挥”，抒人生之感悟，另一方面也是和你交流、探讨，以飨你的高见。

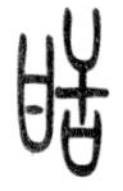

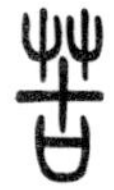

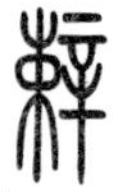

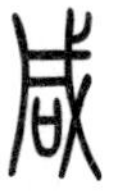

我今天想说的是人生之五味：酸甜苦辣咸。

酸

看到“酸”字，首先想到的便是醋，醋尤以山西老陈醋为最，那味道，一看这个字便会体味出来。酸，作为饮食中的一味，不可或缺，但拿到社会生活中，却不是个令人愉快的味道。酸的背后是嫉妒心理，别人高升了，评上职称了，涨了工资了，挣了外快了，自己心里酸溜溜的，不好受，伤神伤身不说，如果不冷静，一冲动，兴许还会做出一些出格的事，小则影响团结，不利安定，大则有可能弄出人命。现在有一种普遍的现象：仇富。这个仇，抛开个别富人的为富不仁，大都是从“酸”，即嫉妒来的，由此发生的一些或抢

或盗或杀的事件，大都是"酸"字心态下的产物。其实，与其酸溜溜地看别人，不如脚踏实地地自己去干，那才是正道。

甜

舌头沾上甘味为甜，大多数人喜欢这个字，除了糖尿病患者。"甜"字，常和幸福、美满、和谐等关联，如"生活比蜜甜""这个姑娘很甜""小家庭过得甜滋滋的"……但什么事情都不能过头，甜过了头，往往会变成苦，这是生活常识，也是社会常识。所谓"乐极生悲"即是指事物是要转化的，所以，谚语说"常将有时思无时，莫到无时想有时""走顺运时要夹着尾巴，走霉运时别垂头丧气"，是有道理的。

苦

苦海、苦楚、苦难、苦命……凡和"苦"字沾边，大多没有好事。但也有例外，譬如苦菜，就能败火去疾，对身体有好处；苦药，那是治病救命的。再则，任何事情都是发展变化的，所谓"苦尽甘来""苦中有乐"，苦到了头，就会转化成甘甜，苦里面包含着甜。"刻苦学习"的古例最出名的莫过"悬梁刺股"和"凿壁偷光""囊萤映雪"了，如此吃苦，为了啥？为了将来得到甜。所以，不要怕苦，"梅花香自苦寒来"，没有苦寒，哪有梅香？

辣

"辣"字是辛旁，故常以"辛"和"辣"组成一个表示刺激的词：辛辣。辣，有调节口味的作用，因此，很诱惑人，可见凡刺激人的事物都有诱惑性。体育运动中的"挑战

极限"、西班牙的斗牛、高空走钢丝等，都有极强的刺激性，因此也具有诱惑力。此类现象，生活中处处都能见到，比如，网络这个虚拟世界，就对青少年有很大的吸引力。就像辣椒适当吃点可调味，吃多了会伤身，网络用得得当，能开智益脑，但沉迷其中，则会损伤身体，甚至走上邪路，这样的例子生活中没少见。

咸

"咸"字和"盐"字搭配，成名词"咸盐"，是我们饮食中必不可少的佐料，也是维系生命的重要元素。人不可一日无盐，缺盐不但会食之无味，还会生病，弄不好会像喜儿一样长一头白发。对生命中不可缺少的东西，我们要珍惜，父母生养了我们，我们要尽孝；老师教育了我们，给了我们知识，我们要尊师；朋友帮助了我们，我们要回以友爱，等等。咸是经验、知识、阅历，老人们常说"我吃的盐比你过的桥都多"，可见积累的重要。年轻一代有年轻一代的优势，但对上一代的继承是少不得的，这才能代代相承，绵绵不绝。

以上算是闲话，不知是否属于牵强，还望指正。汉字浩如烟海，高深莫测，探究起来，见仁见智，可尽情发挥。如有何新想法，可发来交流。

　　致

秋安！

志诚　辛卯

秋

"族"字组词，生动诙谐

zú
族

小篆

　　这些年来，网络和媒体上经常出现以"族"字组成的词，如"啃老族""地铁族""私车族""作弊族"等等。"族"字的本意，有四种解释，一是家族；二是古代的一种残酷刑法；三是种族、民族，如汉族、维吾尔族；四是事物有某种共同属性的一大类，如"水族""语族"等。

　　显然，"××族"是以第四种意思为依据，加以引申发挥了。

　　这类"族"字组成的词之所以风行，是因为它鲜活、生动、诙谐，言简意赅地称呼一个群体，具有强烈的修辞效应。如有一段时间，"蚁族"一词爆红网络，是因一个名叫廉思的青年学者编写了一本书《蚁族》。

　　"蚁族"指那些年龄在二十二到二十九岁之间，受过高等教育，有一定的专业技能，生活在大城市的城乡结合部的年轻人，他们像蚂蚁一样，居无定所，但仍顽强地拼搏着，是"弱小的强者"。这个称谓生动形象地把那些刚刚走上社会、在高房价挤压下的年轻人的无奈和尴尬以及不屈不挠表现了出来，因此广泛流传。

　　还有一个普遍流行的是"追星族"，是指那些对歌星影星体坛明星等狂热追捧的人，他们大多是年轻人甚或是少年，但也有部分年长者。前些年播放的室内电视剧《我爱我家》中，有一集里，小圆圆迷上了歌星张国荣，为了见到张国荣，竟茶饭不思，以致无心学习，成绩急剧下降。圆圆

就是一个典型的"追星族"。还有媒体报道，某地一个女孩，迷上歌星刘德华，竟不顾家人反对，前往香港，誓要面见刘德华，几次不成，大闹不止，无奈的父母只好卖掉住房陪她前往，最后弄得父亲自杀身亡。这是极端的例子，但也说明"追星"一族的痴迷到了何等不管不顾的地步。

　　"××族"的广泛运用，使汉语更加丰富多彩起来。那种把某件事或某类人称"××族"，既有调侃和自嘲的成分，又包含了某种善意的批评、规劝或指正等情感在里面，因此，"××族"便堂而皇之地登上了许多媒体，为人们所熟悉和接纳。如把只图自己方便，无论什么东西都从楼上往外抛撒的人称作"散花族"；把在小区里私搭乱建，侵占公共场地的叫做"私搭族"；把不肯出去工作，专门在家吃父母喝父母的年轻人称作"啃老族"；把无所事事，每天坐在马路边上观看街景的退休老人称作"马路发呆族"等等。如果我们有兴趣搜寻，恐怕能找到不只数十个甚至上百个呢。

　　每一个汉字都代表一个语素，语素是语言中最小的有意义的单位，同时具有可以读出的声和写出的形，这种字很多，其中有一部分自由度很高，组合能力很强，可以组成许多的词。于是，追求时尚的年轻人正是利用汉字的这一特点，不断地推出新的词语，这些词语形象生动地表现了某一类或某些特性，是对语言的丰富和发展，"××族"只是其中一个。还有什么"×吧"（如网吧、茶吧、酒吧），"×霸"（如路霸、村霸、电霸），"×虫"（如会虫、书虫、网虫），"亚××"（如亚健康），"零××"（如零距离、零接触、零容忍），"×客"（如黑客、博客、拍客、晒客），"××哥"（如犀利哥、咆哮哥）。更有"××门"风行网络及媒体，如"伊战门""火腿门""毒奶门""肉松门"等等，不胜枚举。

　　汉字就是在这种动态机制下生生不息，永葆活力。

天鼠

shǔ

鼠

𪕊

小篆

　　"鼠"这个字，在汉字中不大光彩，最著名的是"老鼠过街人人喊打"，还有什么"獐头鼠脑""贼眉鼠眼""无名鼠辈"等，都不大好听。

　　鼠也不受人欢迎，甚至遭人痛恨。我上小学时，每年夏天，学校都要组织我们小学生灭鼠。

　　老师说，老鼠是"四害"里的一个，祸害粮食不说，还传染好多疾病，其中最厉害的一种病叫鼠疫，得了那种病没法治，而且传染得很快。1947年内蒙古通辽地区就发生过一次，几乎一个村子一个村子地死人，死得最后都没有埋死人的人。老师的话，让我们同仇敌忾：老鼠太可恨了，一定要把它消灭干净！

　　老鼠有家鼠，也有野鼠。家鼠生活在仓房里甚至住在人的屋里，它们在墙角打个很深的洞，白天钻进去睡觉，晚上出来找吃的。野鼠生活在野地里，也是打个洞当家。

　　家鼠很不好消灭，那些家伙贼头贼脑，机灵得很，只要人一看见它，它就"哧溜"一下钻进洞里，根本抓不住。但也有办法，就是养猫。猫是老鼠的天敌，而且猫也机灵，抓老鼠是把好手。我家最多时养过三只猫，我就见过不少猫吃剩下的老鼠的残肢败毛，还拣着过老鼠尾巴。老鼠尾巴要交到学校，学校规定每人每年要交30个。从养了猫以后，我家老鼠真的就少了，不知是都被猫逮住吃了，还是吓得"搬家"了。

消灭野鼠是老师组织学生集体出动，是"大兵团作战"，我们最愿意参加，因为那相当于一次野游。野鼠又叫田鼠，一般在甸子地里较多。我们扛着铁锹，提着水桶，三四个人为一组，分散开来，在方圆几里地的范围里搜寻它们的洞穴。开始没经验，见到洞就挖，结果挖了半天，挖到洞底也没见老鼠的影子。原来，田鼠很聪明，为了安全，经常搬家，有些洞是废弃的，根本不住。后来，渐渐摸出点门道，发现田鼠有个习惯，常站在洞口，直立起身子发出尖利的叫声，声音很亮，远远就能听到。于是，我们就站在稍高点的地方四处张望，只要发现有尖叫的声音，就飞快地向声音的方向跑去。此时，田鼠早已躲进了洞里，我们就在附近寻找，找到一个洞，就用水灌。灌水时一个人灌，另有人蹲就在洞口，张开手掌放在洞口，只要田鼠禁不住水呛，露出脑袋，就一把抓住它。更多的是用锹挖，但挖洞需要力气，我们人小，就轮流挖。有时挖着挖着，挖到它的窝里，看见那里堆积了不少粮食，老师就"现场教学"，以事实教育我们，坚定消灭老鼠的决心。老师的话和活生生的现实，的确让我们非常痛恨这些家伙，盗窃农民辛辛苦苦种的粮食，这不是不劳而获吗？和地主资本家有啥区别？

　　可是，有一次，我这个仇恨却动摇了。那是我们挖一个鼠洞，当挖到最后窝里时，竟看见四五个毛茸茸肉乎乎的小田鼠，好像是刚生的，在一堆干草上费力地蠕动，那个大田鼠没有跑掉（以往此时它会奋力逃跑），而是用身子紧紧护着小田鼠，呲着牙，仇恨而绝望地望着我们，嘴里还发出"吱吱"的叫声。当时，我们都惊呆了，谁也没有动，就那么一动不动地站了好半天。我更是不知怎么了，胃里突然觉得一阵难受，好像要吐，就扭过头跑了，跑得远远的……

长大后，每当看到动画片里小老鼠机灵可爱的形象，尤其是那个精灵一般的米老鼠，就不由想起那几个蠕动的幼鼠，心里不由一阵颤动。

【相关字词】鼠目寸光　鼠头鼠脑　鼠辈　鼠窜

其乐无穷的精神大餐

由汉字书写的对联，是汉文化中一道独特的风景。过年要贴对联，是中国人的习俗。小时候家里的对联都是我写，而且村里好多人家的我也给写，因为村里识字的人少。每到年根，家家都把红纸拿到我家来，我就忙活起来，有时忙好几天。记得写对联时还发生过一件趣事：有一家人误把我给他家猪圈写的"肥猪满圈"贴到了自家门口，成为村里好长一段时间的笑料。

如今，对联已成一道亮丽的风景。过年就不用说了，门上、窗户上、墙上，满大街鲜红，红得耀眼，红得喜庆。就是平时也能见到对联的影子，结婚办喜事了，某楼盘竣工了，某商场开业了，某工程奠基了，等等，都少不了对联助兴。甚至学生们上课时，一抬头就会看到一副对联：好好学习，天天向上。

对联，成了生活中一道不可或缺的精神佳肴。

从什么时候开始有了对联？恐怕还得数到秦汉以前，那时民间就有了悬挂桃符的习俗，分别写在两块桃木板上，悬挂在门的左右，那是为了辟邪。到了五代，人们开始把联语写在桃木板上，便有了对联。宋代对联盛行，王安石"千门万户曈曈日，总把新桃换旧符"，就是当时对联的写照。到了明代，红纸代替桃木，才出现了今天的春联。据说，明太祖朱元璋定都金陵后，除夕前，曾令公卿士庶家家门前挂春联，并亲自微服出巡，挨门观赏。后来，文人学士都把书写春联当成雅事，以至流传到现在。

100

对联有过年时张贴的春联、结婚用联、喜庆用联、寿联、挽联、谜联等。对联的字数可多可少，少则一两个字，多的如清人孙髯题昆明滇池大观楼的一副，及清人钟云舫题成都望江楼公园崇丽阁的一副，都有三百多字，可谓对联之巨。对联最常是喜庆时用，如过春节贴的"春回大地，人勤物阜；福满人间，国泰民安"；祝寿的"福如东海长流水，寿比南山不老松"；结婚用的"百年恩爱双心结，千里姻缘一线牵"等等。还有办丧事时用的，即挽联，如"明月不长圆，过了中秋终是缺；高风安可仰，如何一别再难逢"。当然，还有许多是挂在厅堂、书房，或励志，或明心，或欣赏；也有张贴在门口、交通工具上，以求安康、顺达，寄托一种希冀、愿望。我见过一副很朴实的对联，那是在一家普通人家的门上：两扇大门朝南开，元宝疙蛋滚进来。字有些歪歪斜斜，词语也不讲究对仗平仄，但却给我留下了深刻印象，多少年后仍记得。

有关对联，曾留下许多佳话，也曾有过举不胜举的故事，其中有名人的逸事，有文人雅士的趣闻，也有不见刀枪剑戟的争斗。我国著名戏剧大师梅兰芳很喜欢一副对联：看我非我，我看我，我也非我；装谁像谁，谁装谁，谁就像谁。他说："只用了八个单字，就把表演艺术概括出层次来了。"古庐州巢湖姥山土地庙有副对联，很有趣：莫笑我老朽无能，许个愿试试；哪怕你多财善贾，不烧香瞧瞧。把一副敲诈勒索、贪得无厌的嘴脸刻画得淋漓尽致。

对联像一朵艳丽的鲜花，绽放在历史的长河中。名联佳对，浩如烟海，蔚为壮观，足可编撰一本《对联大全》。学习对联知识，掌握对联技巧，欣赏对联意境，咀嚼对联韵味，是一种奇妙的精神享受。即使在中小学阶段，我们也不要错过这道精神大餐啊。

一封书信一段情

　　因为电话和网络的普及，现在的人们很少写信，也很少读信了。可往前数几十年，我们小的时候，信可是人与人之间沟通的最常用的工具，写信、读信是人们生活中不可或缺的一件事。那个小小的贴着八分钱邮票的信封，里面夹带着亲人的问候、嘱托、叮咛，从千里万里以外飞来，温暖着读信人的心。我小时候写过多少信，读过多少信，掰着手指头是数不过来了，怕是车载斗量吧。

一封信走半个月

　　十三岁时，我离家到呼和浩特上学，呼和浩特离家乡几千里，和父母的联系就全靠信了。父母不识字，给我来信得找村里有文化的人代笔，还得托人到三十里外的县城郑家屯邮寄。那时，铁路也都是慢车，从家乡到呼和浩特的信件得走半个月，而我写给父母的信，那时间就更长了，因为信到了县城，往下边农村去，是由乡邮员骑自行车或马匹送，一个乡邮员负责好几个村子，一个星期才能到我们村送一次，遇上刮风下雨，或者乡邮员有个头疼脑热，干脆就半个月或一个月才送一次，待父母听别人给他们念我的信，知道我信中的内容，有时就得一个月以后了。

丢信哭鼻子

我和父母的通信，一般很有规律，因为上述原因，推后个把月也是常事，可是有一次却两个多月没有收到来信，这可急坏了，不知家里发生了什么事，甚至怀疑父母是不是病了，每天都要到收发室跑好几趟，都是失望地回来，弄得吃不好睡不安，听课也老走神，整天像丢了魂似的，晚上常常在被窝里悄悄流眼泪。后来有一天，学校收发室老头见到我，说有我一封信，还说其实这封信早在一个月前就来了，是他不小心夹在旧报纸里，放在了卷柜上面，今天收拾东西才发现。他还一个劲地向我道歉，说对不起。一个五十多岁的老人向我一个十几岁的孩子赔礼，我还能说啥呢？再说那会儿也顾不上其他了，拿上信飞快地跑回寝室，撕开信读起来。

和弟弟通信

后来，弟弟到县城上了初中，我就开始和弟弟通信。因为弟弟在县城，我们通信的频率就快多了，几乎每隔一个星期就能互通一封，而且，我和弟弟约定，他每个星期回家探望父母，回来必须马上给我来信，告诉家里和父母的身体情况。而弟弟来信总是"家里一切均好，父母身体健康，精神愉快，不用挂念"之类的话，我疑心他瞒着我什么，因为父母不可能老是"身体健康，精神愉快"呀，从没有生病啦闹灾啦的事？后来，我回家探亲，才知道父母确实生过病，而且有一次还住了院，但他们不让弟弟告诉我，怕我惦念。

103

珍贵的回忆

　　"信"这个字，拆开来是"人""言"二字，也就是说，人说的话，通过文字，就成了相互沟通的信件。我盼望家里来信，不就是想听父母对我说些什么吗？在那个电话很不发达、网络根本没有的年代，信，给了我那么多期待、欢乐、安慰，至今我还保留着当年的许多信件，那些或用钢笔或用铅笔、毛笔写的信件，字体有的工整，有的歪歪扭扭，但那是我的历史，我珍贵的回忆，那里面有着可以触摸的温度，还能看到亲人关切的眼神，感受到他们的殷殷情谊，这对今天的小朋友们来说，可能是很难拥有的。

错别字——一道别样风景

错 cuò

鐕 小篆

字 zì

字 小篆

在日常学习生活中，不管是我们自己读写，还是看别人读写，"错别字"现象可以说屡见不鲜，这大约跟汉字结构的纷繁复杂，读音的变化万千，搭配的奇巧多姿大有关系。

汉字的这种现象，从文字规范的要求，自然是不可取并应加以避免的，但也正是因为有了这种现象，更显出汉字的魅力。想想看，一个字有多种读音，几个字有同一种读法，字和字的搭配还可以产生多种词汇，表示各种意思，这是多么奇妙、多么令人遐思的情景啊！

错别字，是汉字的一道别样风景。

错字和别字，是两个不同的概念。前者是指读写得不正确的字，如"武"字，写时常顺手在最后一笔加上一撇，"泽"字，常多加一横；后者是指写错和读错的字，如把"饺子"写成"交子"，"破绽"读成"破定"。因为错别字是不规范的，容易产生歧义，形成误导，所以媒体都加强了校对工作，力求把错别字消灭在萌芽时期。但百密总有一疏，错别字就像刮风下雨，老是不时出现，

有关错别字的故事或笑话，经常都会听到。

有一个笑话说，有个学生在作文里写道：不知谁的狗在我家门前拉了一堆屎，我下楼看见，大吃一斤。把"大吃一惊"错成"大吃一斤"，让人笑掉大牙。最"撼"人的莫

过于"故宫错字门"事件了。故宫文物被盗，警方迅速破案，为感谢警方，故宫送一锦旗，其中"捍中华神威"一句错为"撼中华神威"。事发，故宫还百般狡辩，说用"撼"字更有厚重感，但最终还是在万众声讨中认错了事。

还有一个笑话：一领导作有关精简机构的报告，将"兢兢业业"念成"克克业业"。有属下指出其错，领导竟说，要那么多克干什么，精简两个嘛！读错写错字难免，但错了还振振有辞，不予承认，就有些不厚道甚至不地道了。

错别字引发的笑话自古就绵延不绝，而且，大都幽默、滑稽，充分展现了古人的智慧。

有个笑话，讲的是一县官，斗大的字不认识几个，一次审案，把犯人押上来点名时，把一个叫"金下丢"的犯人念成"全下去"，弄得满堂瞠目，结果衙役和犯人统统退下大堂。

还有个故事，讲的是一个人外出经商，给家里写信，信云：此地多雨，吾未带命，今请家人为吾买命来。家人见信，不知所以，原来他是把"伞"字错写成"命"字。

也有因写错字差点酿成大祸的。有个故事，说一对父子外出做生意，久未给家里写信。半年后托人写一信，其中有句"因忙，又故了一人……"，家人见信，大吃一惊：故了一人，谁死了？不是父亲就是儿子，作为妻子和母亲的女人悲痛欲绝，遂上吊自杀，幸被村人救下才免于一死。原来，信中把"雇人"写成了"故人"，一字之差，谬之千里，差点出人命。

有关错别字的故事或笑话，大都幽默可笑，其中许多都暗含讽刺意味，因而具有强大的生命力。错别字应当尽量避免，但关于错别字的故事和笑话，却是另一种"文学"，它让人们在笑声中学习、思索、警醒、提高，最终消灭它。从这个角度说，生活中还真不能少了这类笑话呢。

【相关字词】饺子 破绽 兢兢业业 雇人

异类的"门"

"门"字的解释中，首要的是：房屋、车船或用围墙等围起来的地方的出入口，如"房门""屋门""舱门"；引申的有很多，如门径、分门别类及宗教、学术思想上的派别，如"佛门""门派"，还可以用作量词，如"一门大炮""一门技术"等。

一个平常的"门"字，如今在网络和媒体上红火了起来。肇起是 1972 年时任美国总统尼克松制造的"水门事件"，这是一起政治丑闻，从那以后，把丑闻一类的事情均冠以"××门"，形成了"××门"系列词。在美国，此类"门"频频出现，如"伊朗门"，是美国政府为救人质与伊朗进行秘密武器交易一事；"档案门"，指克林顿在任期内非法调阅共和党官员档案一事；"旅行门"，指卡特总统在任时公费旅游、克林顿任内随意解雇白宫旅行办公室职员一事；"虐囚门"，指伊拉克战争结束后美军虐待被囚的伊拉克人一事；"情报门"，指伊战前美国情报部门杜撰伊拉克有大规模杀伤性武器，从而发动战争一事……

如今的世界很小，小到地球这边咳一下，地球对面就能听到。"某某门"很快传遍全球，掀起一场开"门"高潮。2004 年 3 月 19 日，台湾陈水扁遭枪击，随即，"子弹门"在台湾流行开来，接着，此风刮向大陆，内地也这个"门"那个"门"地大"门"特"门"起来。

始作俑者自然是网络，其内容大都是指负面事情。如

2003 年，某地用老母猪、病猪死猪肉做肉松，被网友称为"肉松门"；某地为防蝇而把半成品火腿放在巨毒农药里浸泡，被称"火腿门"；2005 年，中石化一个企业发生爆炸，遂被冠以"安全门"。还有生产劣质月饼的"月饼门"，汽车碰撞测试不合标准的"碰撞门"。甚至"门"风也刮进了校园，考试偷抄别人答卷叫"作弊门"，无故不上课叫"逃学门"，上网成瘾而荒废学业甚至发生猝死事件叫"网死门"等等。

其实，每个"门"的后面，大都有一个故事，而且这些"故事"大都事涉民生，和老百姓的利益密切相关，因而受到普遍关注。上面举到的"火腿门"，不法商家不顾百姓生命安全，竟用农药浸泡火腿，人们还敢吃吗？商家的经商道德哪里去了？此类"门"在网上受到千万人的"拍砖"是自然不过的事。还有"香烟门"，说的是某地的局长，开会时坐在主席台上，抽的是每条几千元的"九五之尊"高档香烟，被网友"人肉搜索"到，并举报到相关部门，经查此人果然是个贪贿分子，最终被绳之以法。

"门"字的火爆，归功于网络；"门"字的别样使用，体现了汉字在社会生活中不断丰富内涵，不断被赋予新使命的特点。其实，汉语中任何字词在本义基础上，都会随着时代发展而发展变化，这是好事，也是使汉字更加绚丽多彩、生动饱满的必要。但，也不能过多过滥地使用，不要什么事都安上个"门"，因为"过犹不及"，那样会弱化汉字的严肃和庄重。

【相关字词】水门事件 情报门 火腿门

雪——晶莹的花朵

在我的启蒙教育中，"雪"字记得很牢，因为教语文的老师教我们时说，雪就是"大雨下在横山上"，很形象，很生动。可不，"雪"字的确是雨字和山字组成，只不过那个山字是横躺着的。当时年幼，好想象，举手问老师："山不都是直直地立着的吗？咋能横着呢？"老师也不知其然，但又不说自己不知道，便瞪起眼珠吼道："横着就横着，你管那么多干啥？有能耐你把它立起来！"

生长在北方，对于雪是再熟悉不过了。每到冬天，天气一天天冷起来，雪就开始降临了。雪的形态各异，有散霰状，也有花朵状，呈六个瓣，因此就有"雪花"这个词。最好看的就是那花朵状的了，毛茸茸的从天上飘飘然落下，洁白无瑕，晶莹别透，慢慢地，地上就铺上薄薄的一层，接着一点点变厚，直到把大地盖得严严实实，天地变得白茫茫一片。

唐人形容"燕山雪花大如斗"，真是既形象又贴切。

小时候特喜欢下雪，因为一下雪，就说明快过年了，就能吃上猪肉炖粉条，吃上酸菜馅饺子了。再就是，下了雪玩的花样就更多了，比如打雪仗，堆雪人，在雪地上打滚，渴了还可以抓一把雪塞进嘴里，冰冰的、凉凉的，真舒坦。不过，我们小孩子们盼望下雪，最主要是因为下了雪可以打野雀。野雀一般生活在野外，不到村子里来，只有下了雪，雪把野地都盖住了，它们在野外找不到吃的，只好飞到村子里觅食。这时，我们便在场院里扫出一块块空地，露出土，然后在露土的地方下上夹子。夹子上挂一串小米穗，饿得难耐的野雀飞来，顾不上辨别危险与否，见米穗就下嘴，于是就被突然翻扣的夹子夹住脖子，一命呜呼了。

　　我们通常下完夹子就回到家里，趴在窗台上向外看，看见野雀飞来落下，就兴奋不已，高兴得直想大声喊叫，有时也会坐在炕头上，吃着刚崩出来的苞米花，等着半个小时后去收获"战利品"。果然，等我们来到场院，远远就会看见夹子里夹住的野雀左一个右一个地横躺在那里，我们就欢呼着雀跃着奔上去捡拾起来。捡回来的野雀挑大个的整个埋进炕上的火盆（东北地区一种取暖用具）里，等到冒出淡淡的肉香，便扒出来，把沾上的灰扑拉净，把肚肠扔掉，狼吞虎咽起来。有一年冬天，我用这种办法打了上百只野雀，除了烧吃的外，都给了妈妈，妈妈用它做了一顿"野雀馅"的饺子。不过，味道没有我们在火盆里烧着吃的香。

　　雪是雨的结晶。冬天的雪，给大地带来的是丰沛的水分，对来年的墒情大有益处，即所谓"瑞雪兆丰年"，所以，农民喜欢冬雪，盼望大雪滋润田地。即使是城里人，也希望冬天能有几场适时雪，来净化空气，润泽环境。汉语中对雪的赞美很多，如把雪和花连起来成"雪花"，固然和雪的形状有关，但也不乏有赞赏的意思在里面。

　　但是，作为一种自然现象，雪也有其另一面，那就是"雪灾"。暴雪致道路阻塞，雪崩将人和房屋道路掩埋。那年春天突如其来的冰雪天气，致使南方云贵等省大面积受灾，生产生活受到极大影响不说，还死亡了几十条生命。雪是柔软轻盈的，和水、火、风、雨等自然现象一样，个体看起来都那么弱小，可是弱小的个体一旦拧成一股绳，其威力足可以震天撼地。所以，不要小瞧雪，人类也不要希冀做大自然的主人，尽量"用其利，防其害"，做与大自然和睦相处的朋友就足够了。

【相关字词】下雪 雪花 雪中送炭 雪上加霜 雪白

111

最忆是元旦

"元"字，有开始、第一的意思；"旦"字，有天亮、天的意思。两个字组成"元旦"这个名词，指新年第一天。

年年有元旦，年年元旦各不同。

最难忘的是上学读书时代的元旦了。小学时少不更事，自然没留下多少值得回味的东西，到中学，年龄大了，懂事了，元旦的美好记忆在脑海里留下的便多了。呼和浩特第二中学那时是很重视课外活动的，每每到了元旦，就是同学们盛大的节日。早在节前十几天，准备工作就开始了，排练节目、出版壁报、布置教室，一直忙到12月31日，气氛达到高潮。31日晚，整个校园张灯结彩，每个教室灯火通明，同学们先是在各自的教室里开班级联欢晚会，大家把课桌摆成一圈，桌子上是白开水，有数的糖果，黑板上用彩笔写着美术字：庆祝元旦。大家出演节目，有歌有舞，欢声笑语从每个班教室里飞出，回荡在冬日校园寒冷的夜空。在将近十一点半时，各班集合，全校同学都来到大礼堂，先是由校领导讲话，内容是总结一年来所取得的成绩，布置新的一年的工作，向老师同学们拜年。这往往是例行公事，时间不长，等到11点55分，大家便都安静了下来，收听中央人民广播电台的报时，广播员那激动激昂的声音把每个人的心都提了起来。临到倒计时，同学们都屏心静气地等待着，等待着那最激动人心的一刻的到来。当最后一声报时"当"地响起时，全礼堂就像开了锅似的欢腾了，大家笑啊喊啊跳啊，为了送走旧的一年，为了迎来新的一年，尽情地释放着年轻的心迸发的欢乐，整个过程能持续十几分钟。

接下来是自由活动，满校园都是流动的身影，在灯火通明的校园里晃动。同学们这个班里进那个班里出，互道新年好，同时参加猜谜、打扑克、下象棋、打乒乓球等活动，一直到第二天天亮。

这是通宵的狂欢。年轻的心因节日而激动。

这样的狂欢在大学里也曾有过几次，虽没有中学时的狂热和激奋，但也是很热闹，很让人难忘的。工作以后就再也没有这样的情形了，每年也照例庆祝元旦，可那都是在平静的例行公事中送走了一年又一年，虽然不乏喜悦和感慨，但缺少了狂热狂颠狂欢。

2003 年，我曾在元旦夜和儿子在京城参加一次元旦夜的庆典。是在一个夜总会，据说每张门票两千元，是儿子的朋友赠的（我们自是舍不得自掏腰包）。一进门就塞给一个大礼包，里面是价值上百元的礼品，男士无非是红酒香烟，女士是唇膏面膜之类。庆典场地是欧式风格，里面是五颜六色的霓虹灯，朦朦胧胧的包厢客座，咖啡、可乐、糕点、红酒，丰盛得很，还有妖艳的歌舞表演，震耳欲聋的西乐演奏，给人的感觉整个是在一个大蜂箱里，吵得头疼。

那一刻，我忽然想起我的中学时代的元旦夜，那个一去不复返的美好时光……

醉人的奶香

前几天，一个朋友从锡林郭勒草原来，给我带来了一大堆奶酪、奶豆腐、奶皮子。包装都很精美，但吃起来总觉得味道不是那么纯正，涩涩的，好像里面缺少点什么。缺什么呢？琢磨半天，恍然大悟：香味！缺少的是奶香啊！

汉字很奇妙，有的字，你一看到它，就联想起某件事，或某个人，或某个场景，好像它有灵性，有生命，会叙说。"奶"字就是这样，每当看到读到它，我就会想起童年，以及童年时有关奶的回忆。

母亲挤奶

小时侯，我家有一头奶牛，黄色的毛，个儿不高，可乳房很大，鼓鼓的，像一个大肉包在两腿间垂着，乳房上奶头呈红褐色，挺挺的，那是下了犊后的样子，鼓鼓的乳房里满是奶。每天清晨，母亲便起来，左手提着奶桶，右手拿着一根木棍，来到牛圈，来到母牛身边。这时，母牛会"哞哞"地叫两声，好像是表示欢迎。母亲先把拴在另一边的小牛犊放开，小牛犊便活蹦乱跳地跑向母牛，钻到母牛身下，一口含住奶头，贪婪地吸吮起来。待它吃上一会儿，母亲就把它拉开，重新拴在远处柱子上，然后把奶桶放在母牛身下，自己蹲在母牛身旁，开始挤奶。我曾见过母亲挤奶的样子，她挤得很熟练，顺着她的双手在母牛的奶头上有节奏的滑动，一股股白白的牛奶便带着"喳喳"的响声射进桶里，不一会儿就能挤小半桶。我曾问母亲，你咋不让小牛犊吃啊，它多可怜啊！母亲说，它都吃了，你吃啥呀？我说，那你为啥刚才让它吃几口啊？母亲说，那是让它引奶呢，它不先吃几口，牛奶就挤不出来。哈，挤奶还有学问，母亲真了不起！

为吃奶皮子装病

因为我家的母牛，我每天可以喝到一碗牛奶，到了秋天，母亲还常做奶皮子、奶豆腐、奶油。母亲做的奶皮子真好吃，拿在火盆上一烤，油汪汪的，香甜极了。可母亲一般不让我和弟弟妹妹们吃，说是留着走亲戚时作为礼物送人，这就让我们很眼热嘴馋，但没办法，母亲不给，而且，做好的奶皮子、奶豆腐都用一个柳条筐盛着吊在房梁上，大人取时还要站在板凳上，用根木棍挑下来，小孩子根本够不着。

有一次，我实在想吃奶皮子了，眼睛看着房梁上吊着的筐直流口水，忽然便想到了一个主意：装病。以往我每回生病，母亲总是急得慌慌的，不知怎么办才好。我装病，我要啥母亲不就能给啥了吗？于是，那天晌午我就躺在炕上，嘴里不停地乱哼哼，母亲问我咋了？我说浑身疼痛，没一点力气，嘴里发苦，脑袋发木，总之，说得身上没一处好。母亲急了，忙要请村里的大夫，我说别了，躺躺就好了。母亲问我想吃啥，我不由看看房梁，母亲明白了，便叫父亲赶快取下筐，从里面拿出奶皮子、奶豆腐让我吃。我假装推辞了几下，接着便不管不顾地大口吃起来，吃了整整三块奶皮子、两块奶豆腐。没想到晚上肚子就咕噜咕噜叫，半夜就开始拉稀，直拉得浑身没一点力气了。

奶牛的眼泪

后来，我家的奶牛被生产队拉走了，说是养奶牛是走资本主义，喝牛奶是资产阶级，无产阶级要"宁吃社会主义的糠，不喝资本主义的奶"。因此公社规定，各家各户的牛马驴骡都由各家自己送到生产队的棚圈里，不送去的派基干民兵强行拉走。拉牛那天，天灰蒙蒙的，父亲给母牛套上绳子，母亲流着泪给它用梳子梳了半天毛。母牛老老实实地站着，一动不动地望着母亲，望着望着，母亲发现它眼里淌下了两颗泪滴……

从那以后，我就喝不上牛奶了，更吃不上奶皮子、奶豆腐了。

多少年以后再吃上这些东西，那是改革开放后，各家各户又能养牛养羊养牲畜了。可母亲那时已经年纪大了，挤不动牛奶了，年轻的姑娘媳妇们不屑于干这活，因此，回到家乡就很难吃到儿时那种香甜的奶食品了。好在商店里还有卖的，而且花样品种更多，但总觉得如今的奶食品不如我小时母亲做的。

汉字连着爱和憎

汉字是有质感、有灵性的，譬如，"雨"字那四个点，就给人一种雨丝飘飘的感觉，看到它，身上好像有种凉凉的舒适感；再譬如，"蒙"字，每读起，总会联想到"朦胧""蒙蒙"，一种飘飘渺渺、似有似无的景象浮现在眼前。这是汉字造型的视觉效果，更是它在多年被人们使用过程中，已和人们的生活、情感揉在了一起，通过人的"移情作用"，赋予了它生命。另外，人由于生活中的某些遭际，会对某些字、某些词产生好感、恶感，或者是忌讳，我就曾对一些字和词有切身的体味。

"结核"二字是我的梦魇

上中学时，我不幸患了肺结核，那是三年困难时期，粮食短缺，吃不饱，又正是长身体的年龄，生生"饿"出了这个病。既然是"饿"出来的，那就往饱了吃，家乡那时粮食形势好转，一天九大碗高粱米饭，猛吃了半年，体重增加了 35 斤，果然，半年后拍片子，结果是，除了一块钙化点，"两肺未见异常"，好了。但是，在那一年和以后好长一段时间，我对"结核"二字非常敏感，甚至恐惧，既怕人提起，也不愿从自己口中说出，看书时，每看到这两个字，我都心里"咯噔"一下，一下子跳过去不看它。甚至"恨乌及屋"，就连"结婚""结果""结合""核武器""核桃"这些词都看着不

jié
结
結
小篆

hé
核
核
小篆

biān
编
編
小篆

舒服。就是过了几十年的今天，情况虽然随着时间的推移有所好转，但每每读到，还是不由想起当年苦涩的经历。可以说，这两个字已成了我生命中很难磨灭的烙印。

"编"字，一生的爱

"编"字，常和"辑"字连成名词"编辑"。编辑，是我一生的职业。念小学时，我就开始当"编辑"了，不过那时是出黑板报，用粉笔在墙上书写；到了中学大学，除了出黑板报，还出过壁报，是用钢笔或毛笔书写，贴在板子上；工作后就名副其实地当了编辑，报纸杂志的，都干过，一当就是几十年。因为从小就喜欢这个职业，而且后来还居然真的实现了自己的愿望，可以说，"编辑"二字，连着我的梦想、事业、心血、生命，自然就让我对这两个字格外喜爱，每每看到它，心中就生出温暖。其实，我从事编辑工作的几十年，所编辑的文字可谓车载斗量，但那都是为别人做嫁衣裳，自己名下留下几何？可我偏偏喜欢这样做，喜爱这个工作，这就叫"痴迷"，没办法。

皇帝也有爱和恶

其实，不光是我，就是尊如皇帝，也有忌讳的字，故有"为尊者讳"一说。就连有些汉字，也是"皇家独享"，如"朕"字，秦朝以前是泛指"我"、"我的"，可从秦始皇开始，他就独霸了这个字，只许他叫，别人没份，从此开历代皇帝自称"朕"的先例；东汉光武帝刘秀，为避讳"秀"字，竟把"秀才"改称"茂才"；司马迁的父亲名"谈"，司马迁在编写《史记》时，就把"张孟谈"改成"张孟同"，"赵谈"写成"赵同"。有的是和他们的经历有关，如明朝开国皇帝朱元璋，忌讳光、生、则等字，光者光头，谁光头？和尚也，"生"，僧也，"则"，贼也。老朱当过和尚，做过土匪，有一个叫徐一夔的写了篇马屁文章，本想吹捧一下老朱，偏偏有以下几个字："光天之下，天生圣人，为世作则"，令老朱大为光火，处其死刑。

当然，由于每个人的经历不同，对某个汉字的爱或憎会有所不同，但这种情感都会或多或少的存在，不信，你自己回忆回忆。

【相关字词】结婚 结果 结合 编辑 编纂

119

累叠成新字，妙趣竟无穷

汉字中有不少字是累叠而成的，即一个字由两个或三个同样的字组成。例如由三个字组成的有：三、品、众、垚、晶、畾、叒、焱、森、磊、淼、龃、鑫、聂（聶）、贔、掱、犇、猋、毳、畾、譶、嚞、轟、羴、弄、飍、驫、麤、蠢、鱻……

当然可能还有很多，有些是字典里没有，有的是电脑打不出来，说明即使有这个字，也不常用了。就是上面列举的字中，有些也成了生僻字，如今很少用到。但作为汉字，它确实曾在某一历史阶段存在过，只是随着社会的变迁渐渐淡出汉字行列罢了。

仔细品味汉字的这种构成，很有意思，妙趣无穷。

比如这个"三"字，是三个一组成。有关"三"字，小时候还听过一个故事：有个先生教学生念字，第一天教个"一"字，第二天教个"二"字，有个自作聪明的学生心想，这"三"字肯定是三个"一"，果然，第三天老师教"三"字就是三个"一"加起来。这个学生想，汉字太好学了，何必在学校费力吃苦，于是就不念了。父亲问他为何不念了？他说都学会了。有一天，父亲请人吃饭，让他写个请帖，是给一个叫"万百千"的人，于是，他就写起来，一直写到第二天天亮还没有写完，父亲来见他在纸上划了满满的道子，纸张堆满了一桌子，便问，他说，才写到八千，还早呢，谁叫你请了个怪姓名的人呢！

说起取名字，有些人愿意把自己的姓重叠起来作为名字，如著名音乐家、《义勇军进行曲》的作者聂耳，著名电影表演艺术家牛犇，演员金鑫等，还有如叫"石磊""水淼""田晶""白晶""马骉"的，也不少见。

不过，由于字义的原因，不是所有的重叠字都适合作名字，如姓毛，就恐怕没有人起名叫"毛毳"的，因为"毳"字，意思是野兽的皮毛，不但字音听起来不好听，就是意思也不雅。

还有些店铺的名字也用重叠字的，如卖鱼的叫"鱼鱻店"，卖羊肉的叫"羊羴卖家"等，一是以生僻字博眼球，二是为强调其货物的品质。但很少见有"马骉马肉店"的，因为马肉不好吃，人们很少吃它，除非一些不良商家用马肉冒充牛肉，那就成了假冒伪劣，在打击范围，谁还敢吃了豹子胆公开叫卖？

一般的重叠字，其字义基本上和单个字相同，或是强调某种特性，如"淼"字，是"渺"的异体字，三个水加起来，形容水势很浩大；"晶"字，三个"日"组成，日有亮的意思，三个日自然就更加明亮了；"猋"意思是群狗奔跑，和三人为"众"一个意思，三狗为群狗，而且是在奔跑，其气势是很壮观的。

除了有些重叠字有好的意思，人们取名字时爱用他它外，还有就是中国人讲究五行。金木水火土，是组成生命的必要元素，《姓名学》里讲，人的名字关乎命运，天地生人，五行不一定搭配得那么完好，不是这个多就是那个少，所以起名时就要缺啥补啥。如八字里缺水，名字就要有带水字旁的字，如"浩""汶""润""涛""涌""泽"等；如果缺土，则起土字旁或带土的字为名，如"圣""垠""城""增"等。起重叠字"淼""森""鑫"为名，也都有这个意思在里面，是为补八字的不足。

有些字曾经在汉语中存在过，可后来被另外的字替代

了，如"鱻"字，系"鲜"的异体字，"犇"字是"奔"的异体字等。汉字的这个演变过程，是社会发展的结果，是方便交流的需要。但从文字的角度把玩，是一件很有意思的事情。是不是这样，大家都可以试试。

短短长长话"名"字

míng

名

小篆

　　"名"这个字太普通，又太普遍了。谁人没有名字？哪个是"无名氏"？不但人，就是世间万事万物也都有名字。但是，名字和名字又不一样，细究起来，还很有趣呢。

　　"名"，指人和事物的称谓，或做某事时用来做依据的称号。"名"和"字"相连，构成"名字"这个词。我们生下来要取名，上学要报名，上课要点名，填写履历第一项就是姓名，做了好事受到表彰叫"扬名"，犯了错误被开除叫"除名"，等等。"名"这个字和我们息息相关，一天也离不开。

　　名字虽是个代号，但对于起名字，国人历来都很重视。我们的名字大多是父母给起的，或父母请人给起的，常寄托着父母长辈的期望。如过去好叫"张发财""王铁柱""李长命"等，无非是希望自己的孩子将来或发财或健康长寿。后来，随着社会的变迁，名字也深深地打下时代的烙印。上世纪五十年代初，一大批"解放""建国""国庆""援朝"等名字出现，后来，进入不同年代，又有"跃进""文革""向阳""卫东"等名字诞生；改革开放后，名字也逐渐淡化了时代特色，变得五花八门，各领风骚，而且，向生僻、拗口、怪异、个性化发展，如"刘宸（yǐ）""王赟（yūn）"等，这虽然避免了重名，但也容易出现其他问题，比如上户口、办理证件等会遇到麻烦。据专家估计，在办二代身份证时，有231个冷僻字得不到电脑系统支持，因此有100万人领不到证。

除了大名，许多人还有小名。如"狗蛋""兰兰"等；过去有些人还有"字""号"，如孙中山字"载之"，号"逸仙"，毛泽东字"润之"。

随着世事变迁、思想变化，或某种需要，更改名字的事经常发生，期间也有许多趣闻逸事。赵树理原名"赵树礼"，参加革命后，为表示不再遵从孔孟之礼而信仰马列真理，便改名为"赵树理"；著名出版家邹韬奋原名"邹恩润"，"韬奋"本是他笔名，后他索性以此为名了。他解释，"韬"就是"隐藏、收藏"，"奋"则是"奋斗不懈"，含有自勉的意思。有意思的是下面这个故事：上世纪60年代末，有个中央委员名叫"王白旦"，周总理见到他，说你这个名字不好听，我给你在"旦"字加一竖，成"早"，"旦"是"早晨"的意思，怎样？王欣然接受，从此叫了"王白早"。

汉族的名字一般是两个字或三个字组成，最多四个字，那是因为有复姓，如"欧阳""诸葛"等。在香港，女人婚后在自己名字前加上丈夫的姓，那也许能达到四到五个字。因为字数少，而适合作为名字的汉字又局限在一定的范围内，加上我国有十几亿人，难免有重名，而且有些常用名的重复率很高。据前几年在全国31个城市2亿多人口中统计，叫"张伟"的竟有59275个，广州叫"陈志强"的有1147个。名字本来是用来互相区别的，重名了，就有许多麻烦，比如送错信件、发错通知、传错电话，甚至弄出误会。

前些天报载，有一个著名学者被公安部门在网上通缉，事情传得沸沸扬扬，后来弄清楚是同名惹得祸，但还是给他精神上造成了不小的伤害。我上大学时班里就有一个和我同名的，每当老师点名或提问，我俩都同时站起来，惹得大家大笑，后来只好以学号代替。

名字要讲意思，也要讲究发音。因为它不但是要写的，还是用来叫的，如果发音容易引起歧义，或与某些令人不快的字词谐音，轻了，会闹笑话，如"朱群"，容易念成"猪群"，"范发"易念"犯法"，重了，还会误事。据《宋人逸事机汇编》载，南宋初，边关吃紧，有人举荐一个叫"钱唐休"的人给宰相赵鼎，此人颇有声望，赵鼎却不用，原因是"钱唐休"和"钱塘（南宋都城，今杭州）休"谐音，不吉利。钱唐休因此误了前程。

"名"这个字，除了名字，还有"地位""名分""名义""名声"等含义，也能和许多词搭配，组成许多词，如"名正言顺""名不虚传""声名狼藉"等。

写到这里，我想和小朋友说，你看看你的名字，想想父母为什么给你起这个名字？好听吗？如果有意义且好听，那没说的；如果发音不那么好听，没关系，名字就是个符号，别太在意。

【相关字词】

姓名　名称　名分　名不虚传　名正言顺

跌——人生谁能不摔跤

一个老人摔倒在马路上，一个年轻人上前搀扶，结果被老人的家人说成肇事者，事情闹到法院，最终年轻人被判承担部分责任。这是前几年发生在南京的一个案子，被媒体着实热炒了一阵子。后来这类事情又发生了不少，于是人们从公说公有理婆说婆有理，发展到对此类事情的理性探讨：老人摔倒该不该扶？因为事情涉及生活中不小心就会碰到的道德和法律，讨论甚为热烈，最后卫生部甚至还出台了一份文件《老年人跌倒干预技术指南》，详细列举了老人摔倒后如何去搀扶救治等。

由此，想到一个字："跌"。跌，就是摔倒。"跌"字是形声兼会意，由"失"和"足"两个字组成。脚下没站稳，为足失，足失就易跌倒。字典上解释为"摔""下降""顿足""疾行"等。汉语中有关跌的词句很多，如"跌落""跌跌撞撞""跌足""跌了个嘴啃泥"等。从生到死，在漫漫人生路上，人不知要跌多少跤。牙牙学语时，蹒跚学步时，那跤摔得能少吗？到了长大成人，要经历生活中的风风雨雨、坎坎坷坷，跌倒摔跤更是常事。一般的摔跤关系不大，站起来就是了，可如果摔成骨折或脑震荡，那就严重了，得到医院治疗。我就在今年和12年前两次摔倒导致腰椎骨折，住院治疗，甚至还动了手术，遭了不少罪。

有句话说："在哪里跌倒就在哪里爬起来。"意思是不要气馁、不要灰心，要勇敢地站起来重新开始。所以，跌跤未必是件坏事，它可以让人认真审视脚下，看哪里有问题，以便总结教训，防止下次摔跤。就像我们每回参加考试，考得不好，就像跌了跟头，但也正是因为这次没考好，总结一下原因，下次说不准就能考好了。当然，上面讲的老人摔倒的事，则有另一层意思，扶不扶老人，怎样去扶，扶了以后会成为助人为乐的典型还是被诬为"肇事者"？是现今社会道德建设层面的事。

有个古代笑话：一个人在路上行走时摔倒了，便趴着不起，路人问他为何不站起来？他说，站起来还要跌倒，何不如此，免得再次跌倒。笑话毕竟是笑话，但道理是深刻的，那人如果就那么趴着，一辈子也到不了目的地。

汉语中把生活中的某些失误也称"跌跤"，如一个人犯了错误，做了一件蠢事，被降职了，被开除了，甚至被判刑了，等等。还有市场上物价下降称为"跌落"，股票呈熊市叫"下跌"，形容一个人后悔得很用"跌脚捶胸"，描写某一景色常说"跌宕多姿"，文学作品的故事情节曲折叫"跌宕起伏"。还有，网络中常常借用同音字来说事，如说股价或房价下降等，常把成语"喋喋不休"改成"跌跌不休"。

俗话说，失败是成功之母。在人生路上，跌上一两跤是常事，尤其是对青少年学子们来说，人生的路还很长，跌跤不可避免。我们要尽量避免跌跤，但当不慎"跌倒"时，不要学那个古人趴在那里不动，要有站起来的勇气，要以"跌蹄而行千里"的精神去面对。从这个意义上说，"跌"字给我们的启示，会使我们变得更加勇敢，"屡跌屡站""跌而不倒""跌而弥坚"。

【相关字词】跌倒 跌跟头 跌落 跌跌撞撞 跌打损伤

灯火阑珊处

　　汉字的"灯"，偏旁是火，繁体字右边是登，简体字右边是丁。可见，无论简繁，灯最早是离不开火的，远的不说，在我们家乡没有通电之前，我就是在油灯下度过童年的每一个夜晚的。

油灯

　　我小时候家里点的是油灯，就是在一个碗里或是一个小碟子里盛上素油，用棉布捻成条当灯芯浸在油里面，把露出碗（碟）的部分点着，就会发出亮光，就成了夜晚照明的灯了。灯油往往是麻油或是豆油，是自家产的。灯芯需隔一会儿往上挑一次，让它露出油面，不然，燃短的灯芯会缩进油里，让油浸得熄灭了。那时村子里的人家都穷，油也紧缺，好多人家就不点灯，天一黑就上炕睡觉，能点上油灯就是家境不错的人家了。我家就是常点灯的人家，因为我在上学，晚上要做作业。爸爸常叮嘱说，以后趁天没黑抓紧时间把作业做完，省得点灯熬油。长大后学到"点灯熬油"这个词，才知道它原来是从这里来的。后来有了煤油灯，燃料是煤油，虽然也是油灯，但有了灯罩，比麻油或豆油灯既亮又干净，也不至于把鼻子、嘴巴熏黑。

灯下母亲的故事

爸爸说是说，但从不反对我用灯，就是我看书到深夜也不管。他自己没念过书，是个"睁眼瞎"，因此希望儿子好好念书，将来吃官饭，当"领官饷"的人。妈妈则常常坐在炕上，就着昏暗的灯光，不是缝补衣服，就是"哧拉哧拉"地纳鞋底。母亲白天家务活多，要做一家人的几顿饭，还要喂猪喂鸡，洗洗涮涮，缝补衣裳和做鞋就在晚间进行。常常，我做完作业，就缠着母亲讲故事，母亲的故事很多，一天一个，不带重复，不是傻小子娶了个俊媳妇，就是穷人家孩子苦读书，后来考中了状元，光宗耀祖。母亲还会唱歌，唱的都是蒙古民歌，有《韩秀英》《努文吉雅》《达那巴拉》等，我就缠着她给唱，她就压低声音悄悄地轻声给我唱，我常常在她的歌声里不知不觉睡着了。

汽灯

后来有了汽灯，可那东西是生产队里用的，家里用不起。汽灯又叫"嘎斯灯"，带一个挂钩，灯芯外面是圆鼓鼓的玻璃罩，比油灯要气魄光亮多了，常在生产队开大会或是逢年过节在学校大教室里演节目时用。届时，几个汽灯前后左右一挂，明晃晃地，比家里的油灯亮堂多了，因此，很吸引我们小孩。无论开会还是演节目，都是我们小孩子们的节日，我们不管不顾地在会场里跑前跑后，嬉闹打斗，常受到大人们的呵斥。但大人们镇住了这边的，那边的又闹翻了天，使得主持会议的队干部哭笑不得，也无可奈何。有一次，我们几个孩子玩得忘乎所以，不小心把一盏汽灯打飞，差一点把房子的顶棚点着，引起火灾，从此，生产队开会禁止小孩

129

入内，我们便趴在窗户上偷看，或偷偷钻进会场。后来队长规定，谁家孩子开会时进会场，就罚5个工分，这才止住了淘气的孩子们。因为那年月，都得靠工分吃饭，"工分工分，社员的命根"，哪个人不怕？由家长管自己的孩子，这一着很管用。

电灯

上世纪七十年代末，家乡有了电灯，那可是开天辟地的大事，村子里男女老幼乐翻了天。有些老人问：这亮亮的灯泡里，用的是啥油啊？有文化的小学老师告诉说：那是把煤烧成电，把电通过电线送到灯泡里点着的。老人们还是摇头：不明白，不明白！

电灯的光亮是油灯和汽灯根本没法比的，可接着一个问题来了：电费太贵。那时村里大多数人还很穷，虽然一个月才几块钱，但人们还是心疼，于是，有的人家就干脆把电掐了，又改用煤油灯。后来，改革开放，土地承包，人们渐渐富起来，兜里有了钱，加上电视进村，想看电视，没电不行啊！人们才又连上了电。

灯的演化，也是历史的进步。没有灯，人类只能在黑暗中生活，那是件无法想象的事情。

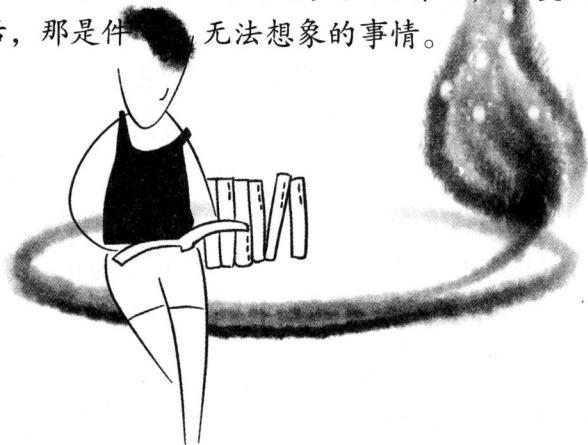

柴

chái
柴

小篆

柴是用来烧火的，是指木头或者木本植物，所以"柴"字就以木为偏旁，而且把能点火的大都和"柴"字连起来，如"火柴""柴火""柴草"，也把用柴做的东西与柴挂上钩，如"柴门"（也叫"柴扉"）。

柴在我们生活中曾经如影随行，谁家不吃饭？吃饭就得做饭，做饭就得用柴。当然，现在城里都用煤，或者用天然气、用电，可过去没有这些时，柴火可是我们生活中须史不能缺少的。就是现如今，在大多没有煤和电的农村，或即使有煤和电，但柴草丰富的地方，仍然以柴为主要的生活燃料。

砍垛

我的家乡取暖和做饭至今仍是烧柴，因此，家家门前都有一个柴垛，柴垛的大小，表明这家的生活水平和状况。人们常常指着一家的柴垛说，看，人家的柴垛这么高这么大，一定是过日子的人家；如果一家柴垛很矮很小，那就肯定让人看不起，觉得这家人不会过日子，连儿子找对象都困难。

柴分软柴和硬柴，软柴是庄稼的秸秆、搂的柴草等，硬柴则指砍伐的树枝、树墩、柳条。软柴用来烧火做饭，硬柴用来"取火"，即把硬柴烧成红红的炭火后盛在火盆里，放在炕上取暖用。软硬柴一般分开垛，以便用时方便。

卖柴

上世纪五十年代初，我父亲正值三十来岁的年纪，也是家里生活最困难的时期。每到冬天农闲了，他便砍柴卖，以补贴家用。他砍柴的地点是在离村15里的南坨子上，那里长满了茂密的野生柳条。每天鸡刚刚叫头遍，父亲就起来，腰里别把镰刀，扛上扁担出发了。等到天亮，约百十多斤的一担柴就砍出来了，父亲挑上担子，再走15里地来到县城。那时县城里的人家也都烧柴，因此有专门买卖柴火的早市，父亲就把柴担到那里去卖，一担柴可以换回来三斤高粱米或几斤苞米面。卖柴时，父亲坐在墙角，一边啃着母亲给带的大饼子，一面等买主。有时卖得很顺利，不一会儿就卖出去了，可有时一直到晌午才能卖出去。卖完柴，父亲便急忙往家赶，30里地呢，得走三四个钟头啊！等回到家，父亲往往累得精疲力竭，吃完饭倒头睡去，因为第二天还要早起去砍柴呢。

搂柴

搂柴，也是那个年代农村里人们每年必干的活。每到深秋，坨子上的草都干枯了，就是搂草的季节。青壮年劳力们坐着爬犁，或是牛车马车，车上拉着耙子去向四周的坨子，有时附近的坨子草搂光了，就得到几十里外的地方去搂。到了地方，每个人肩扛耙子，耙子前有一个装草的篓子，搂到的草便自然地进了篓子里，待篓子满了，就倒出来，堆在一个地方，接着再搂。一天下来，能搂一车。晚上，装着满满一车柴，拖着疲惫的身子赶回家，然后卸下来，堆成柴垛。如果夏天草长得好，搂上十天半个月就能堆起高高的一个柴垛，足够一年用的了。

烧柴垛

柴垛，是一家人一年生活的保障，所以在村人眼中那是很神圣的、不容侵犯的。小孩子们在柴垛上玩，是会遭大人呵斥的，说那会玷污了柴神。我小时候就因爬上柴垛和小朋友玩藏猫猫，被父亲打过屁股。记得有一年，村里两家不知因为什么事吵了架，晚上其中一家的柴垛便着了火，直烧到第二天天亮。后来来了警察，把另一家的儿子抓走了。村里人说，那小子太缺德，吵架就烧人家柴垛，那不是找死吗？后来听说那家的儿子被判了两年刑。

【相关字词】砍柴 柴火 劈柴 柴草 柴垛

"挣钱"和"赚钱"

zhèng

挣

挣
小篆

zhuàn

赚

赚
小篆

　　赵甲和刘乙是小学同学，而且还是很要好的朋友，分别二十多年后偶然相遇，自是欣喜万分。朋友相见，自然免不了推杯换盏，喝它个人仰马翻。

　　这一天，两人又一次相聚，一瓶老白干下去，都变得面红耳赤，话语便像开了闸的水，哗哗流淌开来。说着说着，不知怎么，说到了"钱"上。赵甲开了家超市，腰包鼓得很，刘乙在大学当老师，副教授，教文字学，这些年老师待遇日渐上升，钱包也满满的，两人都属"中产"以上了。

　　赵甲说他这几年很辛苦，虽然挣了些钱，但身体却累垮了……还没等他说完，刘乙便打断他："打住，打住，你说什么，你'挣'了些钱？你用词不当，这个'挣'字用得不对。"

　　赵甲说："怎么，我不是挣的，还是偷的抢的？"
　　刘乙说："没说你是偷的抢的，但也不能说是'挣'的。"
　　"那我该咋说？"
　　"你应该说是'赚'的。"
　　赵甲奇怪："这有区别吗？"
　　刘乙说："当然有。"

　　赵甲知道刘乙从小就好钻牛角尖，屁大点事都要弄出个子午卯酉。小时候两人为这常争辩，但他也很欣赏刘乙的这种性格，因此友谊便保持到小学毕业。之后两人各奔东西，多年失去联系，没想到刘乙的性格依旧。赵甲笑了笑，心想，真是"江山易改，禀性难移啊"！不过，他也很想听听"挣"和"赚"到底有什么不同，便也来了句文词："愿听指教。"

刘乙见赵甲面露诚恳，便来了兴致，把课堂上讲课的劲头拿出来，款款道："那你就把耳朵支得高高的，听好。这'挣'字是提手旁，说明'挣'钱是要用手，就是说，要付出辛苦的劳动，靠体力脑力劳动；而'赚'字是'贝'字旁，'贝'是什么？钱哪！用钱去生钱，那叫'赚'。"

赵甲不服，反驳道："照你这么说，做生意的商人都不是劳动者了？"

刘乙道："这和是不是劳动者没有关系，是说来钱的方法，在这点上，'挣'和'赚'就是不一样。'赚'字说的是做生意获得利润，做生意得有本钱，用 100 元的本钱，换来 1000 元的利润，这是'赚'，可以说'赚'了 1000 元，不能说'挣'了 1000 元；而我写了一本书，得了 1 万元稿费，这就可以用'挣'来表述，因为我是一个字一个字写出来的，是付出了艰辛的劳动。我没有用钱，而是用脑力和体力，这就和你用钱生钱不一样。这就是'挣'和'赚'的区别。"

赵甲不服："我也付出了脑力和体力啊！经营超市，得策划，得思考，得调查市场，了解政策，不费脑子吗？有时进货还要亲自动手扛商品，不费体力吗？"

刘乙笑道："你看你看，糊涂了吧。我说的这里有个哲学命题：主要方面和次要方面。就是说，你'赚'钱和我'挣'钱的主要方面不同，而不能纠缠细枝末节。为什么分体力劳动者和脑力劳动者？就是他们所从事工作的主要方式不同，不能说体力劳动者就不用脑子了，脑力劳动者就一点不动体力了。你说你也扛商品，就是说你也得动体力，但那只是偶尔为之。"

赵甲知道辩不过他，就说："好吧，我就赚钱，你就挣钱，反正都是为了钱，没什么区别。"

135

刘乙道:"谁说没区别?你看,'财''贪''贿''赂''贬'……凡'贝'字旁的字,都和金钱有关,显示了金钱的力量。我劝你,'赚'钱可以,别和上面那些字沾边啊!"

赵甲笑笑,心里想:这个老朋友,真是个老学究,不通世事啊,赚钱也好,挣钱也罢,规规矩矩的行吗?但他没有说,不是不想说,是说不出口,那是"潜规则",摆不到桌面上。

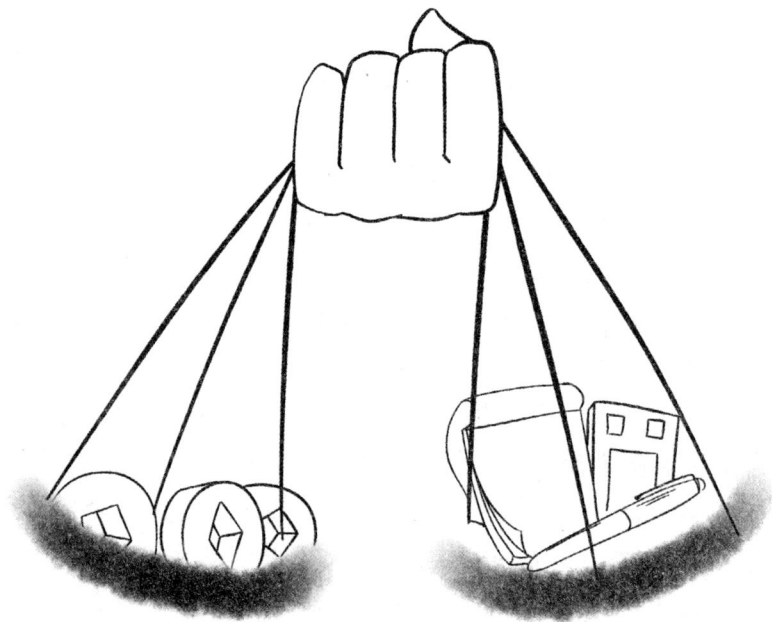

【相关字词】

挣钱 挣命 赚钱 赚取

别情依依

"别"字，在汉语中有"区分""类别""另外""禁止""劝阻""揣测"等解释，其中还有一种就是"分离""别离"，而且这种意思更为普遍。一个人一生中恐怕不只一次地经历过与亲人的别离，自然，也就会感受到别离的滋滋味味。

第一次品尝这个滋味，是在十二岁那年。那年，伯父领我来呼和浩特求学。离家时是个秋风飒飒的早晨，父亲和伯父一人骑一匹马，我骑一头毛驴走出村子。妈妈站在村头一个土坡上目送着我们，我不时回头望望妈妈瘦长的身影，那身影在秋风中显得那么纤弱、单薄。风吹起她灰色的长袍和散乱的头发，也吹来了她的颤颤的声音："到街里别忘了给买双袜子。"那是说给爸爸的，其实早晨已叮嘱不下十遍了。那时我光着伸在球鞋中的脚，紧紧地夹住驴肚子，苦苦的泪水从心里涌出，模糊了双眼。这是我第一次离家。半个多世纪了，那刻骨铭心的滋味，那临别的村头一幕，沉甸甸地烙印在心头。五十多年来，我一直在外奔波，也常常回家，自然就有相聚的欢乐，也有别离的苦涩，可哪一次也没有这第一次刻骨铭心。

暂时的别离虽然痛苦，但还存着再相见的企盼，最让人难以忍受的是诀别，是亲人的一去不归。17年前伯父去世，7年前父亲去世，5年前母亲去世……每一次在殡仪馆向他们的遗体告别时，望着那安详慈善的面容，想起几十年来他们对我的恩情，想到再有几分钟他们就要从这个世界上永远

消失，将再也见不到了，心口就一阵阵绞痛，恨不得让时间停顿，永远地停顿。可那是不可能的，我只能眼睁睁地看着他们被无情地推向火化炉……

当然，别离并非都是悲悲切切，凄凄惨惨的。大千世界，万千气象，何况人的感情这个看不见摸不着又无处不在、无时不左右着喜怒哀乐的东西？"执手相看泪眼，竟无语凝咽"，是别离之苦；"风萧萧兮易水寒，壮士一去兮不复还"，是别离之壮；"桃花潭水深千尺，不及汪伦送我情"，是别离之叹；"长亭外，古道边，芳草碧连天"，是别离之悲；"挥手滋滋去，萧萧斑马鸣"，是别离之美；"人面不知何处去，桃花依旧笑春风"，是别离之涩……楚汉相争，项羽兵败乌江，面对浩浩荡荡追杀而来的汉军，这位称雄一世的西楚霸王不得不慨叹"虞兮虞兮奈若何"，而与爱妻作刎颈别，悲壮、惨烈之状撼人心魄。

进入二十一世纪，人类从刀耕火种走过农业革命、工业革命，进入了信息时代，历史的车轮滚动的频率越来越快，可谓"洞中方七日，世上已千年"。快速发展的经济形态必然带来高节奏高效率的生存状态，也就不免给人类自身带来一系列变化。动车、飞机、高速公路使空间变小，拉短了人与人之间的距离，地球小得成了一个"村庄"，手机、互联网架起连接的桥梁，减轻了人与人之间那种刻骨铭心的牵挂、思念和期盼，由此也不免造成人的心态的粗俗化、简单化、表层化，于是人们感叹人与人关系冷漠了，情和爱淡化了……其实，这只是表象，无论社会怎样变化，人类固有的对亲情、友情、爱情的依恋是永存的，就是在今天，蕴藏在人类天性中的善良美好的感情照样在滋润着我们的社会，一曲"常回家看看"唱落了多少人眼中的泪，一首"十五的月亮"把夫妻两地的思念演唱得回肠百转，而一句"你在他乡还好吗？"又温暖了多少颗渴望亲情思念亲人的心？

　　"别"字，在古老的汉字中，左边是个骨架，右边是立刀，"别"就是人死后，用刀把人的骨头和肉分开，表示一种葬礼，一种风俗，这就有了苦涩悲凄思念等情感在里面。今天，"别"字的"分别""分离"等意思，里面除了悲苦，也有另一种滋味，那就是甜，就是等待、期盼、希冀。人是感情动物，漫漫人生中，每个人都会面对别离，也就有了说不尽的喜怒哀乐，无论是茹毛饮血的蛮荒时代，还是物欲横流的浮华年头。

【相关字词】

分别 离别
告别 送别 话别

"报" 缘

bào

报

报
小篆

　　"报"字在词典中有八九种解释，其中一种是指用来做宣传的"报"，相应的词有"日报""周报""机关报"，引申的有"报刊""墙报""壁报""大字报"等等。回想起自己的大半生，大部分时间从事的是报纸编辑工作，可以说，我和"报"字有着不解之缘。

　　和"报"字的结缘，最早可以追溯到上小学时。那时，班里出一种在黑板上用粉笔写的"报"，叫"墙报"，我成了主要办报人。那个墙报在教室对面的一堵墙上，是用黑漆刷出四五平方米的一块黑板，在上面用白的或彩色的粉笔写出，内容是学校的有关规定、班里的好人好事，还有诗歌、散文等，类似于现在报纸上的"副刊"。墙报每周出一次，利用周六下午课外活动时间，届时，我们几个"编辑"先把上期内容擦洗掉，然后抄写事先准备好的稿件，一干就是一下午。墙报也讲究排版，讲究标题变换字体，内容大小搭配，有重要的还用红粉笔抄写，有横排也有竖排，出来后俨然像正规报纸的版面。

　　到了中学，我也出墙报，那是在教室后面的墙上，内容和小学时的类似，但出得更多的是"壁报"，就是用钢笔或毛笔把稿子抄写在铺好白纸的一块木板上。我的母校呼和浩特第二中学那时常搞壁报比赛，即除平时正常出版外，每逢"五一""十一""元旦"等节日，每个班都出一期庆祝专刊，抬到学校操场，摆成一溜，大小不一、五颜六色的壁报供师生们观看、评判,那气势蔚为壮观。我是班里壁报的"主编",往往文字和插图都一手包揽,还常能拿到奖项。

值得一提的是,那时我还参与编辑出版过油印小报。那是学校组织学生外出劳动,如到农村帮助秋收、修建飞机场、到山上修水库等,为宣传鼓动,就出一种油印的小报。顾名思义,油印小报,就是用钢板在蜡纸上刻写后,用油印机印刷在纸上的。我们背着油印机,在工地上一边参加劳动一边收集稿件,然后刻写、印刷。开始不熟练,一张蜡纸只能印百十来份,后来熟能生巧,不但印制的份数多了,还能给报头和重要文章的标题套红,出来的"报纸"像模像样,很受欢迎。

大学期间,墙报、壁报更是出得勤了,而且也有了报名。记得我们中文系出过《春雨》《晨钟》两个壁报,是发表同学们"处女作"的园地。两个壁报定期定时,有编委会,有主编、副主编、编辑、美编等分工,很规范。后来"文革"爆发,大家都投入到另一种"报"的创作中——大字报。校园楼墙上、走廊里、马路上到处都是白纸黑字的大字报或大字标语,可谓铺天盖地、声势浩大。当时,我主编红卫兵小报《东方红》,开始油印,后来铅印,无论是内容版式,都很像模像样,已然是通常意义上的报纸了。《东方红》出了30期便停刊,我又去编全市红卫兵机关报《呼三司报》。再后来又到《内蒙古日报》参与编辑工作,直到大学毕业来到《哲里木报》,在这个"报"社服务了十年。再再后来又参与另一种"报"的编辑——刊物,直至退休。退休后来到《老年文摘》报,继续和"报"打交道直到今天。

墙报、壁报、油印报、铅印报……几十年来,"报"和我息息相关,须臾没有分离,成为我生命中重要的组成部分。如今,每当捧起报纸,闻着那淡淡的墨香,心中的温暖便油然而生,恍如又回到了当年。

【相关字词】报纸 报刊 墙报 黑板报 报道

141

一捧炒米一片情

汉字的"米"字我们再熟悉不过了。大米、小米、玉米、高粱米、粳米、籼米，糜子米……米，是维系人生命的主要粮食，谁能离开？哪个不吃？

说起"米"字，还有一个美丽的故事呢：从前，有一对老夫妻，早晨老头上山砍柴，见老婆睡得正香，不忍叫醒她，便在地上画了个山。老婆醒来，见地上的画，知道老头上山砍柴去了，就去做饭。但缸里没米了，她就去邻居家借米，临出门，在地上画了一横，上下各撒了几粒米。老头回来，见老婆不在家，看到地上的画，知道她借米去了。老婆画的一横上下各几粒米，就是最早的"米"字。

但我要说的是另一种米，叫"炒米"，是我们家乡的特产，就是把糜子米炒熟后用碾子碾压而成的一种食品。炒米的由来传说很多，其中有种说法，是说当年成吉思汗征战时，为了携带食物方便，便让士兵把糜子米炒熟装在牛皮袋子里跨在马背上，从此就有了"炒米"。当然，传说毕竟是传说，无从考究，但炒米作为一种食品，在我们家乡却是广受欢迎的。每到年根，家家户户的锅灶噼啪乱响、热气蒸腾，那是在炒炒米呢。那时，村子里只有一盘碾子，女人们便排着队轮流把炒好的炒米碾压出来，装在口袋里放在炕上，以备一年食用。为什么要放在炕上？是因为炒米怕受潮，受潮后就软了，不好吃了，只有干干的、脆脆的，才好吃呢。

说到炒米，我童年的有关记忆里大都是美好的，如过年时用黄油、"乌日沫"（奶酪）拌炒米，吃起来那叫一个香甜；到姥爷或姨姨家串门，他们也总是拿出家里的炒米给我吃，姨姨还常在炒米里拌上白糖，说多吃糖脑子好使，将来有出息。有一次我在家乡过完年返回学校时，母亲给我带了一小口袋炒米，火车上人多，没有水，我就拿出来干嚼着当干粮吃。旁边的人像看怪物一样看着我，可能是奇怪这个小孩怎么吃生米。我故意开玩笑："你也想吃一口吗？给，可好吃了！"那人赶忙摆手躲避，显得惊慌失措的样子。

其实，炒米对家乡人来说，也是稀罕的食品。因为糜子产量低，生产队时几乎不种，只有自家自留地里种一些，所以，每家每年也只炒那么一口袋半口袋，除了自家大人孩子解解馋，大都是用作招待客人或作为礼物互相赠送。那一年，我到海拉尔伯父家复习功课准备考大学，去时就是背了一口袋炒米送去的，那对城里的伯父伯母来说，算是最好的礼物了，因为他们也多年没吃到家乡的炒米了。

最让我刻骨铭心的一件有关炒米的事，发生在我十一岁那年冬天。那一年从开春到农历五月，老天爷没下过一滴雨。"大旱不过五月十三"，这一年家乡家家几乎颗粒无收。上级拨下来一些救济粮也是杯水车薪，没到秋天便有好多家断了顿。邻居小三的爷爷由于长时间营养不良，得了浮肿病，卧炕不起了。那一年，小三的爷爷七十四岁，老爷子本来体格很好，现在却瘦得成了皮包骨。在昏迷中，他常猛地呼叫一声，呼叫之后常常是叹一口长气。可有一天，他却喊道："炒米，炒米！"接着又昏过去了。我那天正和小三在旁边，听到喊声我俩都不由落下泪来。炒米？小三家连糠菜都快吃不到了，到哪里去弄炒米啊！

善良的母亲知道了这事，没吱声，第二天便领着我冒雪出发了，到了五里外的姥爷家。姥爷家也是上顿不接下顿，但还是留下我们吃了一顿菜团子大饼。听了小三爷爷的事

143

后，姥爷从房梁上挑下一个布包，布包里是又一层布包，最后露出了一把炒米，也就有一斤多。姥爷说，这是留下准备过年有孩子来拜年时用的，顾不上了，拿去吧，说时眼里盈满了泪花。

母亲只拿了一捧，也就三四两吧，她怎么能全都拿来呢？尽管姥爷一再让全拿走。

小三的爷爷终于吃上了炒米，可那哪里是吃啊，简直是吞进去的。吞进几口炒米后的老人脸上露出了难得的笑容，虽然那笑容看起来很难看。

当晚，小三的爷爷就走了……

如今，每当看到和吃到炒米，我就想起小三的爷爷，想起老爷子那狼吞虎咽的样子……

夜行三十里

zǒu

走

小篆

人生在世，衣食住行，缺一不可，其中"行"，就是出行、行走，除了乘坐交通工具，大都是用脚走，汉字中便有了"走"字。"走"字是象形字，最早的甲骨文和金文中都是一个人行走的样子，后来逐渐演变，成了现在的字形。"走"字不但单独成字，和其它字可以组成词，如"走路""走访""走私"等，而且还作为偏旁，组成许多其它字，大都和行走有关，如"趟""越""赶""超"等。

从此地到彼地，要走；为达到某种目的，要走；为了办成某一件事，要走……"走"是生活中常见的行为，"走"字也成为汉字中最常用的字。

一个人一生要走多少路？没办法计算。如为了北上抗日，红军进行两万五千里长征，靠的就是走；前些时媒体报道，有一个母亲，为了给儿子移植肝脏，天天暴走几十公里，硬是把自己的脂肪肝走掉，成功地为儿子移植了肝。

靠走，人类从原始的刀耕火种走到今天的高度文明。

半个多世纪前，我曾"走"过一次难忘的夜路。

那时，我家在吉林通化铁厂，父亲在那里当工人。大约是1961年春节的正月初三，我和弟弟坐火车回老家看望奶奶。火车到达郑家屯时已是傍晚，郑家屯离我奶奶住的屯子还有30里地，而且其中15里是沙坨路。怎么办？走还是不走？如果不走，就得在郑家屯住下，那得住店，最便宜的大车店也得每人5角一宿；要走，就得赶夜路了。当年我十八岁，弟弟十二岁，十二岁的弟弟瞪着眼睛望着我，等着我的决定，十八岁的我于是果断地做了决定：走！

好在带的东西不多，走起来还算轻便，趁天还没有太黑，15里甸子路很快便走完了。到达坨子边上，天开始黑下来，四周便有些朦朦胧胧。站在坨坡上，弟弟有些害怕，战战兢兢地说："哥，咱还走吗？"

我心里说，屁话，不走往哪里去？可我望望黑黝黝的四周，心里也有些发怵：15里啊，而且是起起伏伏、茅草丛生、野兽出没的坨子路啊！可不走怎么办，课本里讲的"前不着村，后不着店"不就是我们现在的状况吗？

走上坨子路，天就完全黑下来，黑得可以用"伸手不见五指"来形容。路，起伏不平，加上时而有沙窝，踩上去就像走在棉花上；有的地方还有大车压出的坑，坑里有积雪，不小心会陷进去；左右是坨岗，坨岗上的灌木这里一堆那里一丛，黑乎乎的，像怪物立在那里，显得阴森恐怖。我手里提着一根捡来的木棍，弟弟紧紧抓着我的衣角跟在身后，我们急急地向前走。四周静悄悄，除了我们嚓嚓的脚步声，就是因紧张而发出的粗粗的喘气声。不一会儿，我身上便汗津津的了，弟弟也可能累得不行，走路的步子有些踉跄，有一次还差点摔倒。

这时，突然前面"呼啦啦"一阵响动，弟弟吓得"妈呀"一声惊叫，跌坐在地上，我也吓得一激灵。但我发现是一群惊飞的鹌鹑，心才安定下来，拉起弟弟，骂他："胆小鬼，怕什么，走！"

不知走了多长时间，走过一个又一个坨子，终于在越过一个高岗后，看见了前面闪现出朦胧的灯光，我的心里一阵高兴：哈，到了，终于到了！我忘记了疲劳，拉着弟弟一阵小跑。

然而，就在快要到村口时，突然觉得脖子下面一紧，好像有一个什么东西迎面兜了一下，身子便向后仰去，跌倒在地。朦胧中我想：完啦！是不是遇到歹徒了，还是被野狼袭击了？躺在地上半天，感觉弟弟在拉我，还发出受到惊吓的哭声。我发觉四周没有什么动静，也没有什么危险，便趔趄着站起来，左右寻摸着一看，黑暗中见旁边立着一根电线杆，有一根电线斜着耷拉下来正好横在前面。

啊，原来是它！

这自然是个意外，也是个小插曲。

在那个年代，在那样一个夜晚，十八岁的我和十二岁的弟弟在寒冷而漆黑的夜晚走了30里路，为的是能省1块钱住店钱。这个"走"的经历从此便深深地留在了记忆里，很难抹去。

【相关字词】

行走 走俏 暴走 走马观花 走投无路

"踏"字惊魂

tà
踏
小篆

那一年，伯父带我到呼和浩特，把我领到当时的直属二小（现苏虎街小学），想让我在那里上学。

直属二小是干部子弟学校，招收的大都是自治区党委政府和直属机关干部的子女，因此要求比较严，上高小（即五六年级）时入学前必须进行考试，合格者才能招收。

我是从外地念到五年级转学来的，来时是九月份，已错过考试时间，校长就让一个老师考我，地点就在收发室，"考题"就是朗诵一篇课文。

就这简单的考试，让我惊出一身冷汗，差一点没有考上。

具体念的什么文章忘了，但清楚地记得那个"监考"老师很年轻，也就二十来岁。在我念完后，他指着课文中的一个字让我再念一遍，我一看是"大踏步"的"踏"字，以为他刚才没听清，便大声念道："zhà"

年轻老师看了看我，说道："错了，应该读'tà'，不能念'zhà'。"

我辩解道："我们那里就是念'zhà'，老师就是这样教我们的。"

年轻老师不屑地撇撇嘴："你们那里那样念就是错的，说明你们的老师就教错了。"

我不服，争辩道："我们那里的老师文化程度很高，而且都五十多岁了，是'伪满'国高毕业，他能教错吗？"

年轻老师很惊奇，显得有些不满地说："五十多岁怎么了，'国高'毕业怎么了？错就是错，你这个孩子怎么这么犟呢？"说完，扭头就走。

我忙喊住他，问道："咋样啊，能录取我吗？"

他回头道："够呛！不过，你等会儿吧。"说完就"大踏步"地走了。

我心想，完了，听他的口气，可能取不上了，这可怎么办？伯父千里迢迢带我来，不就是想让我上个好学校吗？如果"考"不上，辜负了伯父不说，自己也没脸见人了。小小年纪的我，那时还挺要脸面呢。

我心里害怕极了，忐忑不安地在收发室等着。

大约过了半个多小时，年轻老师又来了，后面还跟着一个年纪比较大的戴眼镜的女人。

眼镜女人看看我，问道："从哪里来的？"

我回答："从东北的吉林省。"她微笑着打量我半天，又说道："我再考考你，你给念念这两个字。"

说着，拿出笔，找了张纸写了"知道"两个字。我心想，这两个字啊，我以为是多难认的呢，于是大声念道："zī dào。"

眼镜女人听后，笑了，又说："再读一下这两个字。"说着写下"差错"。

我一看，又是这么简单，随口念道："cā chuò。"

眼镜女人摇摇头，说："都读错了，'知道'应该读'zhī dào'，'差错'应该读'chā cuò'。你混淆了卷舌音和不卷舌音的区别。"

我还想争辩，想说我们那里都是这么念的，但看眼镜女人很慈祥的样子，怕再说错什么话惹来麻烦，便没有吱声。停了一会儿，眼镜女人在纸上"刷刷刷"地写了几道算术题，让我做，我一会儿工夫就做出来了。她看了看，很满意，接着又问了我几个问题，如咱们国家首都在哪里啦，吉林省省

149

会是哪个城市啦，国旗是几颗星星，都代表什么啦，内蒙古自治区是哪年成立的啦，我都一一回答了上来。

后来，她笑着对年轻老师说："这个孩子很聪明，他念错的字，是地方口音造成的，东北地区'z、c、s'和'zh、ch、sh'容易混淆，以后慢慢纠正就是了。"说着，拍了一下我的肩膀："明天来上学吧。"

我长长地出了一口气，心这才放了下来。

后来才知道，眼镜女人原来是教导主任。

【相关字词】踏步 踏步不前 蹬踏 踏板 踏春

它们来自佛教

fó
佛
佛
小篆
jiào
教
教
小篆

上初中三年级时，一天，下午自习，班主任周老师突然领来一个穿着黄色袈裟、手捻佛珠的老和尚，并让大家坐好，说要请老法师上课。和尚上课？讲什么？我们都奇怪，也觉得好笑，不由交头接耳，叽叽喳喳。

老法师开口第一句就说道："我不是来讲佛教的，是来讲汉语的。"哇！讲汉语，老和尚讲汉语？没听说过，我们平时只知道和尚会念经，会打坐，从没听说和尚会讲汉语，他会吗？可是，他接下来的一句话却把我们镇住了："我考考你们，谁会解释'世界'这两个字，说出它的来历？"

"世界"？我们平时常用这个词，太熟悉不过了，"世界观"、"世界人民"、"世界冠军"……多了去了，可真要解释起来，而且还要说出来历，却都瞪了眼。大家你看看我，我瞅瞅你，教室里一时鸦雀无声。

接下来老法师的一番讲解让我们茅塞顿开，本来乱哄哄的教室顿时安静了下来，大家都支起耳朵，瞪大眼睛，很怕漏掉老法师的一句话、一个字。

老法师道："告诉你们吧，'世界'这个词是从佛教来的，由'世'和'界'两个字组成。佛教《楞严经》里说：'何名为众生世界？世为迁流，界为方位……上下为界，过去、未来、现在为世。'由此可见，'世'是时间，时间无限，没有尽头；'界'是空间，空间无边，浩浩渺渺。时间和空间加起来，就成为'世界'，世界是永恒的、无边无际的。后来，

人们用'世界'来指自然界和人类一切事物的总和。"哈!"世界"原来是这么回事啊!

老法师见我们惊讶，接下来又道："其实，汉语中有许多字词都是从佛教里演化来的，你们谁能说出一些？一个字，一个词，或一句成语都行。"

半天没有人吱声，静默了大约四五分钟，外号"大炮"的王学盛站起来道："我说一个，'塔'字，就是咱东门外那个白塔的'塔'。"

老法师笑道："好，'塔'也是来自佛教，是梵语的音译，原来是指覆钵形的藏舍利和经卷的建筑，佛教传入中国后，和中国传统的楼台建筑结合，形成现在意义上的'塔'字，后来还引申出'水塔''灯塔'等词，这些词和佛教就没有什么关系了。"

王学盛的大胆鼓舞了大家，于是有人举手，法师让温元和说。温元和道："'自由'，这个词总不是从佛教来的吧。"

法师笑道："你说错了，它恰恰是从佛教来的。禅宗六祖慧能把'自'和'由'两个字并列在一起说：'自由自在，纵横尽得。'用来表示不受拘束、不受牵制，指心境脱离了烦恼而通达无碍，现在我们常用的'自由'也是这个意思。"

"许多字词你们都在用，却不知道它的来历，这叫'只知其然不知其所以然'啊。"老法师继续说道，"就说'刹那'这个词吧，我们几乎经常使用，它也是梵语的音译。古印度以'刹那'作为最短的时间单位，佛教著作中说'一弹指顷（顷即短时间）有六十刹那'，还说'一念有九十刹那，一刹那有九百生灭（生即发生，灭即消灭）'，由此看来，佛教中'刹那'是指时间的，后来被广泛应用，表示难以量化的极短暂的时间。当然，还可以举出好多好多，和佛有关的如'菩萨''罗汉'等字词不用说了，就是如'觉''悟''想''阎王''莲花''导师''律师''真谛'等常用字词也都来自佛教，成语就更多了,如'五体投地''现身说法''一念之差''回头是岸''大千世界''泥牛入海''一尘不染'等等,还有'放下屠刀立地成佛''急来抱佛脚''泥菩萨过河自身难保'等俗语,也都来自佛教。咱选一个'一尘不染'说说。佛把'色、声、香、味、触、法'叫六尘,把'眼、耳、鼻、舌、身、意'叫六根,六尘产生六根,把六根清净就叫作'一尘不染',现在我们用它来形容清洁、思想没有沾染坏影响。"

老法师的课,让我们受益匪浅。周老师说,这既是一次课外活动,也是一次语文教学。我们想,汉语中的字词真奇妙啊,而且大都有来历,真得需认真学习呢。

【相关字词】世界 自由 刹那 一尘不染 五体投地

153

牌匾巡逻队

　　李老师是初二语文老师，有天她突发奇想，召来四五个对语文感兴趣的同学，对他们说："我想组织一个街头牌匾巡逻队，利用节假日寻找街上牌匾、广告的错别字，一方面是锻炼你们对错别字的纠错能力，另一方面也是净化街头文字环境，为建设文明城市做贡献，你们愿意参加吗？"几个同学齐声叫好："太好了，我们参加！"

　　街头"牌匾巡逻队"很快成立，九个人，分成甲乙丙三个小组，每组三个人，从周六就开始。其间正好还赶上国庆长假，七天休息，这样，长假后李老师再次召集他们时，他们已在街头"巡逻"了几乎半个月时间。李老师说："来，咱们汇报一下吧，看哪个组的成绩大。"

　　甲组组长王燕是个急性子，没等李老师说完，她就腾地站起来："我先说，我们组共发现16处错字标牌！"说着，拿出一张纸念起来："构建街有个饭馆，门口挂的牌子上写的是'巴盟会菜'，应该是'烩菜'；南马路一家'美美照相馆'，牌匾写的却是'美美照象馆'，'象'字写错了；大北街有个超市，在宣传广告上写着：皮鞋大甩卖，买一增一。应该是'赠'而不是'增'；还有更邪乎的，五塔寺街的一家莜面馆，门口挂着个大大的牌子：莜面棺。'馆'字写成棺材的'棺'了，好吓人，谁敢进啊！还有……"

　　秋虹是乙组组长，待王燕念完，她站起来，手里也举着一张纸："我们组主要是找广告上的错别字，共发现了12

个。中山路有个横幅，上面写着"创建文明城市从我做起"，把"市"字写成"巿"字了。"李老师打断她的话说："秋虹她们组看得很仔细，值得表扬。这'市'和'巿'不好区别，不细看还真难看出来。'巿'字和'韍'字相同，是古代礼服上绣的半青半黑的花纹，也可以解释为古代一种祭服。'市'字上面是个点，而'巿'字一竖是贯通下来的，大家一定要认真区别。"

丙组组长齐平也汇报了她们找到的错别字，如一家小客栈把"美丽家园"写成"美丽加园"；一个歌厅在门口赫然打出"放开哥喉唱未来"，把"歌"写成"哥"……汇报完后，她说，还有一件事，说起来像笑话，但也是收获。有一天我们走到郊外一个饺子馆门口，是个平房，见墙上用白粉写着"生饺子馆"，我们奇怪，这里只卖"生饺子"不卖"熟饺子"？去问老板，老板指着墙上窗户另一边说："那不，那边还有个'利'呢。"哈，原来叫"利生饺子馆"！这虽然不算错别字，但书写不规范，容易产生误解。

李老师说，齐平的理解很对，牌匾和广告都是为了让人看的，必须规范，错别字应当消灭，容易产生歧义的字词和书写也应杜绝。李老师强调，我们这次活动很有意义，是一次很好的实践。汉字很复杂，同义字、同音字、多义字多音字很多，通过这次活动，我们要养成正确使用字词的习惯。这次我们组织了"巡逻队"，希望咱们这个"巡逻队"解散后，你们每个人都成为"巡逻员"，平时多"巡逻"，不管是大街上，还是在生活的角角落落，只要发现错别字就予以纠正，大家说好不好？

九个"巡逻队员"热烈鼓掌，齐声叫好。

李老师说，另外，大家把发现的这些错别字用电脑打出来，然后写封信发给市政府，以便及时纠正，更好地净化咱们市的语言环境。"巡逻队员"们又是一阵欢呼雀跃。

【相关字词】

烩菜 面馆 家园 歌喉

奶奶、父母和茶叶

我们老家的人都爱喝红茶，抓上一把茶叶，放进茶壶里，用滚烫的水一沏，然后倒进茶杯或茶碗，浓浓的，酽酽的，溢着氤氲，飘着香气，喝一口下去，香甜醉人。

每当家里来了客人（蒙古话叫 gui xin），首先是请上炕头坐下，然后要沏上一杯浓茶，端到客人面前道："扎，qiè 吾！"（请喝茶）

"茶"是草字头，下面是个"木"字。在我国，饮茶有悠久的历史，由此也生出我国特有的茶文化。蒙古语里管"茶"叫"qiè"。为什么这么叫，不得而知，可能是从汉语的"茶"演化来的吧。语言文字作为交流工具，各民族间常有互相借用字词的习惯，如蒙语里管"机器"叫"mashen"，就是借用了俄语的词汇；呼伦贝尔地区管面包叫"列巴"，是借用了俄语的"leba"一词。

我的老一辈中，爷爷好喝酒，而奶奶和我父母都嗜茶如命，尤其是进入老年后，可以说一天三顿，顿顿不离茶。

先来说说奶奶。她老人家喝茶不讲究，常把茶叶装在一个小布包或是纸包里，压在枕头底下，沏茶时掏出来，抓上一小撮放进小茶壶里，沏上后放在火盆上热着，喝时再倒进茶杯里。因为在火盆上熬了半天，那茶便酽酽的，像酱油一样浓。

30 多年前，家里生活困难，国家物资供应也紧张，茶叶和粮食一样紧缺，奶奶常喝的就是那种研得粉碎的茶叶末，价钱便宜，但质量很差，喝过两杯，茶就没有颜色了。奶奶说，这总比茶梗强啊。

奶奶所说的是三年困难时期，那时连末茶都买不到，急得奶奶就像犯了大烟瘾，恰好村里有个人不知从哪里弄来一些茶叶梗偷偷倒卖，奶奶便给我两块钱（奶奶不缺钱，是在军队工作的二伯父给她寄的），让我去买点回来。我不敢白天去，怕被民兵抓住，说成帮助"投机倒把"，只好晚上到那人家，两块钱只买回来一把茶叶梗。就是那粗粗的硬硬的茶叶梗，奶奶喝了半个月，每次喝完，总是舍不得扔掉，下一次接着再喝。那哪里有茶色啊，简直就是白开水里飘着几根树枝！

奶奶是 1979 年去世的。临去世前几年，她老人家除了末茶，也喝过比较好些的红茶，那是二伯父寄来的，还有我也给她买过。每当喝着颗粒饱满的红茶，奶奶总是高兴得满脸喜气，没有了牙的嘴瘪瘪的，走风漏气地叨叨咕咕："托儿孙的福啊……"

再说父母。父母的晚年赶上了好时候，改革开放给农村带来的是好光景。他们过去也喝过那种一两块钱一斤的末茶，但后来就不喝了，改喝十块左右的红茶，再后来茶叶的档次越来越高，价格也上到二三十元一斤了。

不过，除了自己喝，茶叶也用来待客，而且客人来了，常常是一抓一大把，完了还要再捏一撮放上（放少了显得小气，对客人不尊重），泡大的茶叶叶片几乎能到杯口。有的来人喝几口便急着走了，下次来人还得重沏（给人家喝剩茶不礼貌），而且还是酽酽的，消费量便很大，一斤茶叶不到十天就没了。父母便预备两种茶叶，贵一点的好茶叶常留着来了客人喝，自己平时就喝一般的。

有一次我回去给他们带去两包 120 元一斤的滇红，他们一听价钱都愣了，意思是：这么贵呀！待我半年后再回家，

母亲从一个罐头瓶里取出一把茶叶给我沏，还说，这是你上次给拿来的，还没喝完呢。

　　原来，他们舍不得自己喝，来了客人，在用他们平时喝的茶给客人沏茶时另外捏上几捏，边捏还边念叨："这是120块一斤呢，是大儿子给买的呢……"

【相关字词】

茶叶　喝茶　茶道　泡茶　茶壶

鸽 情

gē
鸽
鴿
小篆

　　我家养过两只鸽子，全是灰色。灰色的羽毛，灰色的尾巴，灰色的胸脯，只有那尖尖的喙子和粗壮挺直的双腿是红色的，红得像玛瑙，晶莹得像玉石。

　　那是有一年春节，我们全家回乡下过年，表弟栓柱给的。

　　两只鸽子成了俩儿子的宝贝，他们用纸箱子做了个小窝，里面铺上麦秸，晚上让它们在那里睡觉。每天，龙龙和晶晶下学回来，开门第一句话就问："鸽子呢？"鸽子也和小哥俩产生了感情，他俩一回来，它们就急急钻出窝，在他们的脚边转来转去。小哥俩便一人抱起一只，把它们红红的喙子贴在自己的脸蛋上蹭来蹭去，然后，把它们放到院子里。这时，鸽子总是扑棱着被绑着的翅膀，在院子里跳来跳去，公鸽子发出粗声粗气的"咕咕"声，迈着大步，一会儿向前，一会儿左右旋转着身子，似在寻觅着什么；母鸽子也"咕咕"叫着，声音短而尖，显得娇里娇气，而且，它总是一步不离地跟在公鸽子后面，儿子说像个"跟屁虫"。它们玩累了，就跳到院墙上，互相偎依着，还用喙子啄洗着对方的脖颈、羽毛，"咕咕咕"地好像说着亲热的情话。

　　半个月后，儿子把它们的翅膀解开，它们能飞出去很远，但总是会飞回来。

　　大约是两个月后的一天，龙龙发现把两个鸽子放出去后，母鸽子很快就回到屋里，钻进窝里不出来了。公鸽子飞出院子，回来时嘴里总是叼着一根草，"咕咕"叫着在窝边

159

转来转去。晶晶打开窝门，想放公鸽子进去，却意外地发现窝里有两个灰白色的小蛋。

"噢，鸽子下蛋喽，鸽子下蛋喽！"晶晶高兴得手舞足蹈。

"噢，鸽子能孵小鸽子喽！"龙龙也兴奋得小脸通红。

从这天起，公鸽子显得很忙碌，它一会儿飞出去，一会儿飞回来，回来时嘴里或是叼着一条小虫子，或是衔着一粒野果，急匆匆跑进窝里，窝里便发出一阵欢快的"咕咕"声。妈妈告诉哥俩，这是母鸽子在抱窝，要生小鸽子了，公鸽子是在给母鸽子找吃的呢。龙龙和晶晶听了，掰着手指头数日子，期待着小鸽子快点"生"出来。

没想到，几天后却发生了不幸的事。

那是一个晴朗的春日。早晨上学前，哥俩把鸽子窝抬到院子里的煤棚上，想让母鸽子晒晒太阳。中午放学回来，见公鸽子站在墙头上，来来回回地跳来跳去，发出急促的"咕咕"声。他俩奇怪，公鸽子怎么了？待龙龙趴在窝口一看，大叫起来："母鸽子没了！"哥俩大门洞、凉房、炭棚里面，凡是能藏东西的地方都找遍了，也没有母鸽子的影子，急得大哭起来。后来在邻居家凉房里发现了一堆鸽子毛和碎骨头。

看来，母鸽子被邻居的黄猫吃了。

晚饭时，地下站着孤零零的公鸽子，它缩着脖子，耷拉着脑袋，一动不动。龙龙端给它一小盅米饭，它歪着脑袋看看，不去吃；晶晶给它放一盘水，它嗅嗅，也不喝。我的心里也不是滋味。就和哥俩说，你看，"鸽"字，是"合"字和"鸟"字组成，合起来叫"鸽"，伙伴没有了，另一个会死去，你们看怎么办啊？哥俩你看看我我看看你，两眼含泪说，那就放了它，让它另找伙伴吧。

第三天早上，小哥俩在公鸽子的腿上贴了块胶布，上面写上"龙龙晶晶的鸽子"，然后抱着它，来到院子里。哥俩含着泪，把它红红的喙子在自己的脸上贴了几下，用手摸了摸它的脑袋和羽毛。龙龙用力向上一扬，公鸽子扑棱着翅膀，飞上了蓝天，绕着圈在我们头顶上飞了几圈，然后，又一个斜刺，降落在院墙上，围着那个空窝，跳着、转着，发出"咕咕咕"的低鸣。

我拉起儿子："咱们回屋吧，它看不见咱们，就会飞走的。"

回到屋里，两个孩子趴在窗台上往外看，只见公鸽子还在那个空窝旁边转着、嗅着，"咕咕咕"地叫着，声音透着悲切、哀伤、凄婉。晶晶流着泪说："爸，它在哭呢。"

忽然，两个孩子几乎是同时喊道："飞了，飞了，飞走了！"说完，放声大哭起来。晶晶边哭边嘟囔道："完了，再也看不到咱家的鸽子了……"

小哥俩足足有一个星期没好好吃饭。

意想不到的是，当第二年我们再回家过年时，却再一次见到了那只公鸽子。栓柱说，那是它几个月前飞回来的。二百多里地啊，它竟自己找回了老家，真神了。小哥俩抱着它亲个没完没了……

161

票

黑

唯有票证不可少

　　票，在生活中是一件很重要的东西，因此，"票"字的使用率自然就很高。"票"字下半部分是示，就是展示给人，干什么？自然是用了。不说钱——"钞票"——这个虽"不是万能的"，但没有却是"万万不能的"东西，就是其他如车票、机票、门票、发票、邮票、戏票等等，生活中哪一样能离开呢？

　　我今天要说的是另一种"票"，或叫"票证"。那种票如今消失了，可它却曾影响了整整几代人的生活，伴随人们走过风雨，也伴随着人们的喜怒哀乐。那是在特定历史条件下、相伴人民币在市面上购买物品的一种证物，如"粮票""布票""肉票""烟票"等等。我也不去细说这些票证，只是想讲一个听来的故事，看看票证在那个年代是多么重要。

　　有一个刚上初中的男孩，也就十三四岁，活泼可爱，聪明伶俐。那一年冬天，临近春节的一天早晨，小男孩兜里揣着3块钱，还有2斤肉票，出门往离家不远的副食商店去。他要去买肉，买2斤肉，那是全家5口人过春节的全部肉。平时，每口人供应的是1两肉，5口人5两，过春节了，增加了1两，变成2两，5口人就是1斤了，加上为了过个好年，爷爷奶奶把上两个月的肉票省了下来，于是便有了2斤肉票。2斤肉，能好好包一顿饺子吃了，说不准还能吃一顿红烧肉呢。对于平时很少吃到肉的小男孩来说，这是一件多么令人兴奋的事情啊！

怀着美好的期盼，小男孩蹦蹦跳跳着来到了商店，来到卖肉的柜台前，那里已排了好长的队，有二三十个人，他也跟着排在了后面。售货员就两个人，因此队伍移动得很慢，小男孩也就觉得时间过得很慢。正当他百无聊赖地站在队里，眼望前面时，忽然觉得前面有人跌倒了。他抬头一看，是一个年纪很大的老奶奶，只见老奶奶倒在地上，捶胸顿足，放声嚷嚷："挨千刀的小偷啊，你把我半年的肉票都偷去了，叫我们全家怎么过年啊！你个千刀万剐的贼呀！"一把鼻涕一把泪，声音苍老而凄厉。

原来是她在排队时，背在身后的包里的肉票叫人偷去了。

老人的哭喊，让小男孩心惊肉跳，他还从没有见过一个老人如此地哭天抢地，那个老人看样子和自己的奶奶一样年纪了。他想到老奶奶可能是积攒了好几个月的肉票，本想集中起来在过年时让家里人好好享受一下，可是……他能想象到老人的痛苦，这让他顿生怜悯。他犹豫了一会儿，来到老奶奶跟前，掏出自己身上的2斤肉票，说："老奶奶，您别伤心了，我这里多余2斤票，给您，您拿去买肉吧。"说着，他把肉票塞到老人手里，头也不回地走出了人群，走出了商店。

回到家，他没敢说实话，只说不小心把肉票弄丢了。他想，弄丢了，爸妈顶多骂他两句，顶多过年吃不上肉，还能怎样？没想到爸爸听了，气得一改平日温文尔雅的样子，猛地从椅子上跳起来，抡圆胳臂就扇了他一巴掌。这一巴掌又狠又重，直扇得男孩眼冒金星，天旋地转，一下子摔倒在地，昏了过去。当他醒来时，朦胧中发现自己躺在医院的病床上，奶奶正俯在自己身边，泪眼婆婆地望着自己。奶奶告诉他，他已经在医院躺了三天三夜了。今天是大年三十，在过年呢。咱家也吃饺子了，吃的是鸡蛋韭菜馅，比

肉的好吃哩……

他听着奶奶的絮叨，扭头望向窗外。他看见窗外有爆竹在飞起炸开，还隐隐地能听见爆竹爆炸的声音。

他知道，从此以后，他的左耳完全失聪，只能靠右耳听声音了。

他也知道，那是爸爸那一记耳光的结果——为了2斤肉票。但他没有生爸爸的气。他问奶奶，爸爸呢？奶奶流泪了："他……他后悔……几天不吃不喝……也病倒了……"

小男孩的故事讲完了。今天的孩子们可能以为那是童话，但我要告诉你，那是真实的故事，就发生在40年前。

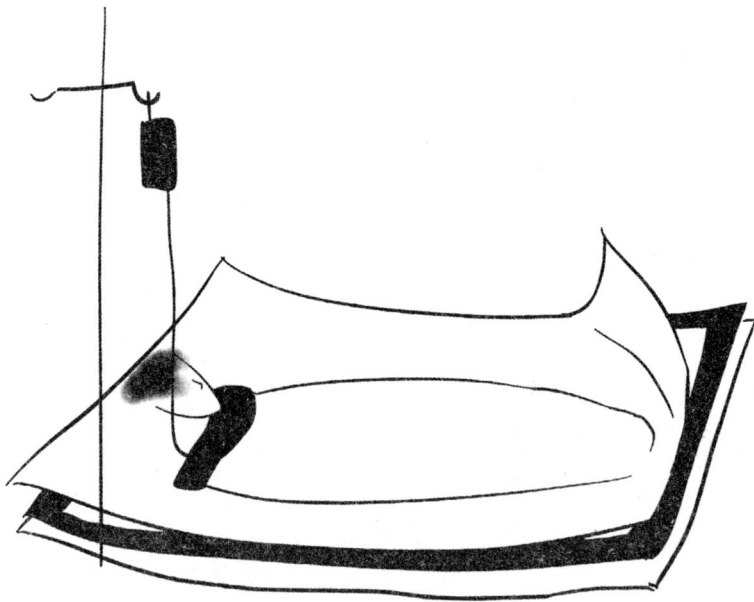

天凉好个"秋"

　　这个标题取自南宋爱国诗人辛弃疾的词《丑奴儿》。之所以取这个名字，是因为一提起"秋"字，人们总是想到"凉"字，"秋"和"凉"好像是孪生兄弟，不可分割。这自然和秋天天气凉爽，对刚刚熬过暑热的人们来说，感觉非常敏锐有关。而就我来说，喜欢秋天，是因为我的许多人生经历都是和秋天相连着的。

与秋结缘

　　母亲告诉我，我出生在秋天——农历八月初九一个秋风飒飒的早晨。那年那天那时，当我的啼哭声响起的时候，父亲正要出门开镰割第一垄高粱，听到我的哭声，他高兴地返回屋里，冲着一声叠一声哇哇哭叫的我说：好小子，看今年丰收了，就跑来了，以后肯定是个好庄稼把式。然而，父亲万万没想到，他的儿子长大后对庄稼活一窍不通，却成了个"舞文弄墨"的家伙。但是，这个好"码字"的我，却对秋天特有感情，也结下了与秋天的缘分。

　　我人生的几个关键时刻，都发生在秋天：十二岁时的秋天，我来到呼和浩特求学，开始了攀登知识阶梯的跋涉；二十六岁的秋天，大学毕业正式参加工作；三十一岁的秋天，加入中国共产党；三十五岁时，也是秋天，被提拔为报社领导成员之一……在外谋生多年，我最愿意秋天回家看望

父母，因为那是农村收获的季节，父母脸上的笑容最多也最灿烂。秋天也能让我回忆起儿时的许多美好：和小伙伴们偷掰苞米，在没人的地方拢起一堆火烤苞米吃，常常吃得满嘴黑糊糊的；大人们赶车拉庄稼时，我们坐在车上高高的高粱垛上，任凭秋风吹着脸吹着身子，随着牛车的摇动晃晃悠悠地高兴着；更主要的是，秋天，粮食下来了，就不用挨饿了，碗里的饭堆得冒尖，小肚子撑得溜圆，在那个粮食紧缺的年代，这往往是"唯此唯大"的事啊。

拾秋

秋天庄稼进到场院后，我们小孩子常和大人一起提着筐或是背条麻袋去拾秋。所谓"拾秋"就是到地里捡落下的粮食，又叫捡庄稼头。因为那时粮食紧缺，生产队分的口粮不够吃，又不让种自留地，只好用拾秋来填补点。别说，如果弄好了，拣到的粮食能赶上口粮呢。所以，家家都把拾秋当大事，一到庄稼进场，就全家老小总动员，外出拾秋。看吧，村前村后，凡是有庄稼地，就有三三两两的人，暖暖的秋阳中，大人们认真地寻找着，我们就甩开他们，独自这里跑跑，那里跳跳，他们拣庄稼，我们寻找的是难得的欢乐。当然，我们也得拣一些，如果筐里是空的，大人会生气，会骂，脾气暴的还会给一巴掌。小根柱就是因为贪玩，半天没拣一棵粮食，被他爹狠狠揍了一顿，还罚他少吃了一顿饭。

秋与悲

不知怎么回事，秋也往往和悲连在一起，叫作"悲秋"。这在古人的诗句中俯拾即是，如《红楼梦》里的林黛玉写的"秋花惨淡秋草黄，耿耿秋灯秋夜长，已觉秋窗秋不尽，那堪风雨助凄凉"，把秋天写得那么"惨淡""凄凉"；元人萨都刺的"秋风吹白波，秋雨鸣败荷，平湖三十里，过客感秋多"，也是一副愁多于喜的样子。还有"秋风秋雨愁煞人""悲哉，秋之为气也"等。

之所以人们把秋和"悲""愁"等扯在一起，可能是秋天除了收获，也有衰败、残余、结束、凄凉等意味。但也有"金秋岁月""秋风送爽"等溢美之词，更有高歌秋天的，农民起义领袖黄巢的"待到秋来九月八，我花开后百花杀，冲天香阵透长安，满城尽戴黄金甲"，就是一首豪迈的借咏菊颂秋抒志之作。

境随心迁，心伴境移，面对同一种景色，不同的人，处在不同的境地，有不同的心情，感觉会大不同。

【相关字词】秋风 秋叶 金秋岁月 秋风送爽

167

天下谁人能识君

先讲一个笑话：有一农村老大爷来医院看病，大夫给他开一系列检查单，其中有一项是"尿常规"。老大爷本来文化程度不高，加上大夫的字写得潦草，老人便把"尿"字看成"屁"字，到厕所努力了半天，终有收获，端着小瓶送到化验室。化验员问："东西呢？"老人回答："在瓶里。"化验员："里面什么也没有啊！"老人："谁说的，有屁啊，不信你闻闻！"

笑话是讥讽那个老人的，但里面还藏着另一个讽刺对象，就是那个大夫。大夫的字潦草得有如天书，这是凡到医院看过病的人共同的感受。不知是为了对患者及家属保密，以免产生负作用，还是另有什么其他原因，总之，大夫的字大都写得张牙舞爪、龙飞凤舞，很不成样子，让人看半天不得要领。有人笑说这是王羲之草书发展成的，可称："医生体"。除了"医生体"，近些年又冒出什么"明星体""名人体"，就是所谓的签名，签得怪模怪样，根本认不出是哪个"鼎鼎大名"。这些签名大都是由专门的人设计，"名人""明星"们照猫画虎就行了。我怀疑连本人都不一定认得自己所写的什么字，但还是乐此不疲，所签大名频频亮相各类媒体，说好听是显示自己的文化品位，说不好听，就是在唬人。

字是用来记录语言的书写符号，这就要求字要写得工

fǎ
法

小篆

整，对一笔一画都要认真负责，不能缺胳膊少腿、东倒西歪。字是让人看的，其次才是好看，所以首先要做到容易辨认，不致认错。小学老师教写字时强调"横平竖直"，养成笔笔到位，画画齐整的习惯。记得有个同学写"手"字时，总把最后一笔向右拐，老师纠正几次不见效，生气道："你老是向右甩，那不成了'毛'字吗？怎么，你想把'打手'写成'打毛'啊？"吓得那个学生一脸惊恐，不知所措，从此改了过来，再也不往右拐了。古时一县官为设宴招待上司，批下人去买猪舌，由于字迹潦草，下人把"舌"字误看成千口，几经努力才买到五百口，回来请罪，弄得县官哭笑不得。

毛主席在1951年审定《中共中央关于纠正电报、报告、指示、决定等文字缺点的指示》时，提出"五不要"，其中就提到"不要写草字，不要写怪字"，这是针对某些人在文件写作中存在的问题提出的。字迹潦草，容易让看的人费劲，弄不清意思。如有人在写"一腔热血"时，由于写得太草，被认成"一月空热血"，写"杀鸡"写成"杀又鸟"。这不算啥，弄不好还容易出现误会，甚至铸成大错。在一本革命回忆录里看到这样一个故事：一个侦察员在给上级写的情况报告中，把敌人"设有岗哨"的"设"字写得很草，被领导看成"没有岗哨"，结果派去进攻的部队受到很大损失，侦察员也被查办。

汉字是艺术，艺术有规律可循，如书法，有"颜柳欧苏"等书体各领风骚，观赏性很强。但在平时工作生活中的书写，则以交流为主，因此，不能因"漂亮"而伤害了"工整"，以"艺术"替代了"规范"。何况，许多所谓的"漂亮"、"艺术"实际上只是写的人的自我感觉，离真正的艺术差着

十万八千里。现在电脑普及，书写成了鸡肋，许多人很少提笔写字，以至有人惊呼"不会写字了"，这是时代发展过程中出现的现象，但无论如何，汉字终是离不开写的，就是输入电脑，有些还是需要先手写。因此，从小做起，从中小学抓起，规范文字的书写，还是大有必要的。

【相关字词】书写 书法 规范

满城尽听轰雀声

què
雀

雀
小篆

1958 年秋天的一个星期日的早晨，天刚亮，我们住校的同学们就起床，拿上自己的洗脸盆，分散在学校的各个角落。此时，住在家里的同学们也都陆陆续续地来了，他们手里也都提着脸盆、竹竿、扫帚、铜锣，或是喇叭、哨子。

不一会儿，广播喇叭响起来，是校长的声音："同学们，我宣布：呼和浩特第二中学消灭麻雀的战斗现在开始！"

话音刚落，全校立即响起震天动地的声音，同学们有的站在操场上，有的站在教室、宿舍屋顶，有的来回在树下奔跑，或呼喊，或敲击脸盆、铜锣，或吹着喇叭、哨子，为了一个目的：不让飞起的麻雀落下。

其实这天不仅仅是我们的校园，整个城市都充满了这种声音，因为这一天是全市总动员。因此，天上飞着的麻雀只能一直不停地飞来飞去，飞出校园的，又被外面的轰鸣声驱赶回来。

麻雀是飞不远也不能长时间飞行的小鸟，在全市各个地方各个角落都是人声敲击声声响鼎沸的情况下，麻雀们找不到可以歇脚的地方，飞着飞着，有的实在坚持不住，一头栽下来，成了人们的战利品。

这一天，我们收获了整整一麻袋死麻雀。

全市收获了多少？全自治区、全国呢？不知道，大概少不了。

那时，麻雀和老鼠、蚊子、苍蝇一起叫做"四害"，全

171

国开展了"除四害，讲卫生"的运动，而且经常在同一天同一时刻同时进行，而且不止进行一次。那时的我们不过都是十六七岁的热血青年，党的号召就是命令，我们必须奋勇向前，不能落后，我们真把麻雀当成了敌人，心想，农民辛辛苦苦种下的粮食全叫你们吃了，太可恨了。

可是，多少年以后，麻雀又成了益鸟，说它吃粮食是很少的，而大量的是吃害虫，有利于农业生产，我们要保护麻雀。更有人说，它捕食一些飞蝇昆虫，有利于生态平衡。于是，没有人再伤害麻雀了，更没有了那种全民动员大会战的场面。现在，无论在农村还是城市，麻雀渐渐多起来，一群一伙，或在枝头栖息，或在屋顶歇脚，或不知从哪里呼啸而来，落在空地上大胆地与人共乐。飞起飞落的麻雀成了城市一道美丽的景观。

麻雀的命运啊！

其实，麻雀只是成百上千种鸟类中的一种，灰褐色的羽毛，体形较小，以觅食谷粒、昆虫为生，满可爱的。

有一次在街上，偶然看见一只小麻雀歪倒在马路牙子边，好像是受了伤。我抓起它，果然是腿伤了，还流着血。我把它带回家，给它包扎了腿，养了半个多月，等它的腿好后放飞了。那半个月，小东西在窝里吃住，对我很依赖，放飞时还有些恋恋不舍呢。当它飞到对面树枝上，汇入雀群时，我突然想起了1958年那个早晨，那满城震响的轰鸣声，那些在轰响中飞得筋疲力尽后无奈地跌落下来的麻雀……

"雀"字在古时的写法就很像一只小鸟，刚学这个字时总写不好，老师就给画了个鸟说："记住，它是象形字，像个鸟！"从事了文学这个行当后，对这个字自然熟悉了，也熟悉了与它相关的许许多多的字词，如"麻雀虽小，五脏俱全""燕雀焉知鸿鹄之志""雀跃""雀鹰"等，有贬有褒。但无论是贬还是褒，作为一种与人类共同生活在地球上的生命，都应该有享受生存的权利，那种以各种名目或以人类某种莫名其妙的需要为借口滥捕乱杀的行为，都是不应该的，到头来毁灭的不仅是麻雀等生物，还可能是人类自己。

【相关字词】

麻雀　欢呼雀跃　燕雀焉知鸿鹄之志

鞋

去年儿子结婚，老伴给我买了一双皮鞋，老人头，上千块，还说"脚上没鞋穷半截"，男人嘛，上不上档次，就看脚上。这可以说是我此生穿过的最高档的鞋了，穿上自然小心翼翼，生怕弄脏了，磕破了。

"鞋"字是革字旁，难道古人穿的鞋子也是皮子做的？不得而知，但我从小可没有穿过皮鞋。穿皮鞋，那还是在上高中时，在军区工作的伯父给了一双军用大头棉皮鞋，在上世纪五六十年代，那可是很"高档"的，曾引来男女同学们羡慕的眼光。

说起鞋，在我身上还有不少故事呢。

不愿穿鞋

从几岁开始才有鞋穿？记不得了，但记得我小时候不愿穿鞋，就好成天光着脚丫子，觉得那样舒服。母亲逼我穿鞋，说到处是蒺藜狗子、玻璃碴子，怕扎了脚。还别说，我还真叫扎过，那是一次光脚上地里挖野菜，被高粱茬子扎在了脚心，鲜血直流，心疼得母亲抱着我的脚直哭。上学后，不得不穿鞋了，但也是上学时才穿上，回到家就脱掉，母亲为此打过我，我就是不改这毛病。由于老是光脚，脚底便结了厚厚的一层茧子，抠都抠不掉。有一次学校检查个人卫生，当我把鞋脱下，露出脚，老师摸了摸，笑道："嗬，不简单，穿上'皮鞋'了！"逗得小朋友们哈哈大笑。

母亲做鞋

我小时候穿的鞋都是母亲亲手做的，不仅是我的，全家人的鞋都是母亲做的，因为那时农村穷，买不起鞋，也因为习惯：哪个女人不是自己做鞋呢？不会做鞋的女人还能嫁得出去吗？就连订婚后，女方还要给男方做双鞋以表情意。看一个女人巧不巧，要看她鞋做得怎样。母亲很会做鞋，每到冬天，长长的夜里，母亲就坐在炕上，借着油灯的光亮，给我们一家人做鞋：用旧布做成铺衬，再用糨糊一层层粘好，就成了鞋面，鞋底是用厚厚的多层布粘的，晾干后用麻线密密穿纳，叫"纳鞋底"。油灯下，我在睡梦中常常听到母亲"哧拉哧拉"纳鞋底的声音，有时这声音一直响到鸡叫。

鞋上钉掌

长大了，到外地上中学了，自然就不再光脚了，而且也都是买鞋穿，不是布鞋就是球鞋。我不爱穿球鞋，因为球鞋捂脚，我的脚好出汗，就臭，一脱鞋味很大，常叫同学笑话。那时小，但自尊心很强，把同学的笑话当成极大的事。有一次，母亲从家乡给我寄来一双她自己做的鞋，是布鞋，为了结实，鞋的前头和后帮上绣了一道道的花纹图案。这种鞋，在家乡时我也穿过，但此时此刻，我怎么也穿不出去了——哪个城里人穿这样的鞋啊，同学们还不得笑死我呀！但那是母亲一针一线做的，不知费了多少个晚上呢。怎么办？我灵机一动，上街找到钉鞋的，在有花纹图案的地方都打上皮掌子，这样既遮住了花纹，又结实了，同学们也就不至于笑话了。

175

鞋的演化

人类从什么时候开始穿鞋的？没有确切的考证，大约是和穿衣服同时吧。但鞋也和衣服一样，千百年来，随着人类的进化同步地演化着，直到今天。如今，鞋的样式千姿百态，质地花样纷呈，让人眼花缭乱。人们把鞋当成生活的必需，也当成档次的必需，鞋也因此分出高低贵贱，鞋以人贵，人以鞋荣。但也有让人想不明白的，比如，鞋和脚一样，上不得台面，好像除了为人撑面子外，自己却是低下的。比如，衣服一般都挂在漂亮的柜橱里，鞋只能龟缩在墙角，又比如，鞋常和臭字相连，叫臭鞋，再比如"破鞋"一词，用来形容作风不好的女人，"文革"中就常见把一双鞋挂在一个女人的脖子上游街的情景。这就有些对鞋不公道了，可又有什么办法呢？谁叫鞋天生就和臭脚紧密相连呢。

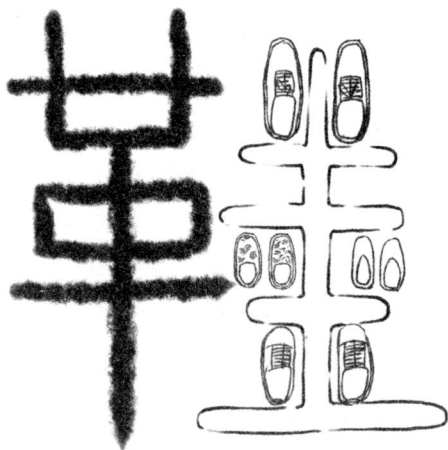

迷人的字谜

mí
谜
小篆

　　每个人都有过猜谜语的经历，就是在牙牙学语时，大人也都会说些浅显的谜语教孩子说话、动脑筋。比如，儿子还没上学时，我就念过"一棍子打弯狗腿"这样的谜语，谜底是"龙"字，因为儿子小名叫"龙龙"。待到孩子大了，反倒他出谜语让我猜了。记得有次他从学校回来，进门就考我："一口咬去多半截是什么字？"弄得我猜了半天没猜出来，最后还是他告诉我：是"名"字嘛！我才恍然大悟。

　　参加猜谜语的活动，最多是在上中学时。那时每到元旦，学校就开展各种活动，除了开庆祝会、文艺晚会外，还搞些娱乐活动，其中就有猜灯谜。在灯火辉煌的学校大礼堂里，像布帘一样拉起一道道长长的纸条，上面写着各种各样的谜语，我们穿梭在这纸条组成的走廊里，认真地逡巡着、寻找着、思索着，每当猜到一个，便兴奋地把标号记下来，跑到领奖台那里，回答答案，领取奖品。奖品往往是一支铅笔，或是两块水果糖、一小包瓜子，我们一边吃着这些"战利品"，一边又继续投入猜谜战斗。记得有一个字谜,谜面是：左边不出头，右边不出头，不是不出头，就是不出头。大家猜了半天，谁也猜不出来，后来终于被我猜到了：林！大家高兴得这个蹦啊跳啊。猜谜语时那个紧张啊，猜到后那个高兴啊，领取奖品时那个自豪啊，使我的学生时代充满了无穷的乐趣。

　　谜语俗称"谜子"，有"事谜""物谜""字谜"等,常以事、

物或诗句、成语、人名、地名、典故等为谜底，以隐喻、暗示等为谜面供人猜。据说谜语从春秋战国时期就有了，到秦汉日益成熟，到三国则盛行起来。到南宋，元宵节时把谜语写在碧纱灯笼上，供游人竞猜。明清时，猜谜成为喜庆佳节必不可少的娱乐节目。古时文人也常参加这类猜谜活动，有时也制谜，大文豪王安石就是制谜高手，"画时圆，写时方，冬时短，夏时长"这个打"日"字的谜就是他出的。现如今，猜谜语更是我们生活中常见的活动。

谜语中的字谜尤让人喜爱，因为猜字谜不但使人享受了娱乐的快意，而且也学习了字词，丰富了知识。如冰心老人晚年谈起她小时猜过的一个字谜："上有一半，下有一半，中空一半，除去一半，还有一半"，谜底是繁体"随"字。她说，"随"字很难写，猜了这个谜，就记住了。我也有这种体会，小学时，有个同学给念了个谜：一点一横长，一撇到南阳，南阳有个人，只有一寸长。我半天没猜出来，那个同学告诉我，那是政府的"府"字。我一想，对呀，"府"字，不就是"广"字里面一个立人旁，加一个"寸"字吗？？从此，我就对"府"字有了深刻印象，记得很牢。

有的字谜往往伴随着一个故事，使得这个谜更有趣，更"迷人"。"乜"字就有个故事，是讲孔子和两个学生对话，出的是"乜"的谜。子路马虎，粗心大意："是也！"颜渊严肃认真，谨慎仔细："非也！"孔子道："若是也，直在其中也！"孔子不仅指出了错误，还给予纠正。后来，孔子"直在其中也"这句话编入《论语▪子路》："父为子隐，子为父隐，直（正确的道理）在其中矣。"他借用猜字谜来教导他的学生，可以说"见缝插针"，不愧是大教育家。

谜语虽是小制作，但其中蕴藏着大智慧，是汉字独有的特色。多参加猜谜活动，能增长知识，活跃生活，怡情悦性，益处多多。

火红的头巾

jīn

巾

巾

"巾"字字典解为"擦东西或包裹东西的小块纺织品，有毛巾、头巾、围巾、枕巾、领巾等"。其中的"头巾"，总是让我想起一件感动至今的往事——

北国的严冬，寒气逼人。南来北往的旅客，熙熙攘攘，塞满了候车室。

我和二弟背着父亲从通辽来到长春，准备去九台。父亲下肢瘫痪，我们是送他到九台治疗的。车站的服务员很热情，先让我们进站上了车，我把父亲安置在座椅上，然后坐下来，吐了口长气。

旅客进站了，车厢里顿时热闹起来。找座位的、安放行李的、叮嘱亲友的，吵吵嚷嚷，混成一片"上车交响曲"。不一会儿，车厢里便满满登登的了，就连过道里都挤满了人。我暗自庆幸提前上了车，不然……

这时，忽然见一个二十多岁的小伙子，从人缝中挤过来，到了我们跟前，冲我父亲不客气地说："喂，老头，起来，这是我的座！"

什么，这是他的座？岂有此理！我刚想争辩，他却悠然地从衣兜了掏出了车票："对不起，对号入座，这个座位是我的。"

我一看，可不，这个座位真是他的。我怎么没想到对号入座这码事呢？我想跟他说明一下情况，想说父亲是个病人，而且是下肢瘫痪，不能行动，请他……可那小伙子根

179

本不听，连连叫嚷着让老人起来。无奈，父亲只好艰难地支起身子，费力地坐了起来。

车开动了，我站在父亲身旁，一边搀扶着他半卧着，一边庆幸这个三人长凳上还剩两个座位没人，父亲还能有一个坐的地方，如果有人，而且，也像这个小伙子……那父亲只好坐在地下了。

忽然，一个温柔的声音传来："这位大爷得的是啥病啊？"

这时，我才发现，在我身后站着一个二十多岁的姑娘，脖子上围着一条鲜艳的红头巾，也许是车厢里太热，她那白皙的额头上浸出了细细的汗珠，最显眼的，是她的腋下，支着一个叉字形拐杖。她正以关切的目光望着我父亲。我告诉了她父亲得的病，她轻轻地"哦"了一声，然后说道，这种病，不能老坐着，必须平卧。她让我坐在过道地上，让父亲躺下，把父亲的腿伸出来放在怀里，这样能好受些。我照着做了，果然父亲舒服了一些，但由于一路折腾，父亲还是不时发出痛苦的低吟，头上冒出豆大的汗粒。被挤在过道那边的二弟掏出手帕，伸长胳膊想给父亲擦汗，姑娘见了，便把手帕接过去，说，来，我给擦吧。于是，每隔一会儿，她便弯下腰，在父亲的头上、脸上擦拭一下。我过意不去，她却微笑着表示这没什么。对面座位上的几个老人见了，都用赞许的目光瞅着姑娘。那个年轻小伙子却一直把脸贴在车窗玻璃上向外望着。

列车到达卡伦站，姑娘把手帕递给二弟，说："我们到站了，还有半个多小时就到九台，你们下车小心点，别碰着老人。九台站有小推车，你们雇一个，路不好走，慢点推。"然后，又转向我父亲："大爷，安心治疗吧，会好起来的。"说着，向旁边的一个高个子青年说，"把座位号给他们拿着，省得有人找麻烦。"边说边把目光投向那个靠窗小伙子。

旁边那个高个子青年——刚才没注意，原来他们是一起的——拿出两个座位号给我，哦，原来父亲坐的正是他们两个的座位。我感激地望着他们，不知说什么好。

高个子青年扶着姑娘向车门口走去，我看见，姑娘的右裤腿下半截空荡荡的。我的心里一热，眼泪几乎流了出来。我伸长脖子，向车窗外望去，想再看一眼这个好心的姑娘，可是，人头攒动，他们不知哪里去了。我努力寻找了半天，忽然，在出口处，我看见一条红红的头巾，像一团火，在阳光下闪着艳艳的光，在流动的人群里缓缓飘动……

【相关字词】纱巾 红领巾 头巾 毛巾

181

亦蒙亦汉家乡话

那年夏天，我带一位江南来的作家朋友到我的家乡内蒙古东部科尔沁草原采风。他是第一次来草原，第一次接触蒙古民族的南方汉人，可有一次这位朋友听当地两个文学爱好者在用蒙语说话，听了半天，说道："我知道你们在说什么，是不是在说咱们明天去扎鲁特旗？"

那二位很惊奇："怎么，您懂蒙古话？"他神秘地笑了笑，没有说啥。

其实，我知道个中原因。我们这里好多地方都是蒙汉杂居，好多蒙古人会说汉话，汉人也有不少会说蒙古话，尤其是年轻人，更是两种语言都说得溜溜的，这种情况在城市里尤为明显。加上由于长年蒙汉语言交错使用，而随着社会生活的发展和变化，新的语言、新的字词也在不断地产生，蒙汉语言互相借用成为一道风景，因此也形成了一种独特的语言现象：蒙古话中夹杂着许多汉字和词，汉人说话时也不时冒出一两个蒙古语字词。如"火车""汽车""飞机""工分""生产队""公社"等词，在标准的蒙古语言文字使用中，都有特定的说法和写法，但在我们那里，口语中大都用汉语代替。

再有就是有些字词和汉语很接近，如"爷爷"、"奶奶"，我们那里蒙古话叫"ye ye""nie nie"，"叔叔"叫"shu shu"，"舅舅"叫"ju ju"，"姨姨"的叫法更接近汉语的"姨娘"，只是在发音上有些差别，叫"yí nāng"，等等。因此，一个即使一句蒙古话也不懂的人，听两个科尔沁蒙古人说话，也能听得出他们说的大概是哪一方面的内容。人们说这是"科尔沁蒙古话"。

作家朋友能够听得懂的奥秘正在这里。

我爷爷是从河北逃荒来到科尔沁草原的，后和我奶奶成婚。爷爷是汉人，不会说蒙古话，奶奶是地道的蒙古人，不会说汉话，平时两个人就各说各的语言，对方也能听得懂，如"吃饭"、"喝水"等生活用语，都能心领神会。他们就这样共同生活了四十多年，至死也没有学会对方的语言。

听到过一个笑话，是对此类语言现象的惟妙惟肖的表现：某年的某月某日，某生产大队召开社员大会，队长讲话。他是蒙古人，说的是蒙古话，然而却说成了下面的样子（为方便理解，其中的蒙古语在括号中用汉语注释）："奥到（现在）开会！胡热勒捏（会议的）内容报了（是）春耕生产研究那（那为语气词），恩哈布尔，包冉八嘎（今春雨水少），公社那（姓）书记合勒界（说了），'男女老少齐上阵，大干苦干三十天'，春耕生产呢（呢为语气词）顺顺利利地完成。他得恩（你们）信心别努（有没有）？"底下社员齐声喊道："信心泰（有）！"

由于我们国家是以汉民族为多数人口，因此汉字和汉语的使用率便很高，加之其悠久的历史，丰富的内涵，其生命力便非常强大，在社会生活中受到广泛应用，其他少数民族的语言文字借用汉字汉语的现象便日渐多了起来，这是客观存在，也是语言文字发展的必然。

当然，上述情况只表现在某一地区，而且也只局限在口语中，真正的书面语言和官方语言中，蒙古语言文字还是有着自己标准的表达方式。如蒙古文的报刊杂志、电视广播中，除了个别情况下规范地借用汉字词之外，上述说的"火车""飞机"等生活用语都有自己的词汇。

183

因此，便产生了一种特别的现象：我们家乡的一些没有学过蒙文的蒙古族年轻人听不懂蒙古语广播和电视。除了方言（蒙古语也有方言）的因素外，语言文字潜移默化地融合和长期借用成定势，也是一个重要原因。

【相关字词】
蒙族　蒙古　内蒙古　蒙古包

东门外割草

cǎo
草
小篆

　　童年时有许多美好的回忆，其中有不少和草有关。

　　春天，小草刚露出脑袋，我和母亲到地里拣野菜，其中有一种叫"芑末菜"，就是汉语里的"苦菜"，回来蘸酱吃；夏天，到草滩上放牛，任牛悠闲地吃草，我躺在毛茸茸的草地上，看天上的白云飘飘浮浮，耳边传来野鸟悦耳的鸣叫；秋天是打草的季节，跟着大人坐上马车，到几十里外的草地，大人用苫刀打草，我则在坨子上跑来跑去，或找一个沙坡睡上一觉；冬天，草都枯黄了，又跟着大人去坨子上搂草，一团团草进了耙子里，又堆上车拉回来，每天做饭，就抱一抱，塞进灶坑，一冬天就用它来做饭取暖……

　　上学后认识了"草"字，我就琢磨，"草"字为啥是一个草字头，下面一个"早"字呢？我就想起儿时秋天跟着大人打草，每天天不亮就起来上坨子，那不是起个大早吗？还有，每天早晨，天还黑咕隆咚的，母亲便起来，从场院里抱回一抱柴草做饭，等我起来时，饭好了，屋子里也暖和了，也是起早啊。我就这样常把学到的字拆开来，和生活中的一些人和事联系在一起记忆，这样既记得牢，还能编排出自己想象的故事。

　　上中学时有一件和"草"有关的趣事，至今记得很清楚。

　　那是上高一的暑假，我和朋友凤山到东门外割草。那时，呼和浩特新城四周有城墙环绕，四面有四个城门，出了东门就是郊外，郊外除了农民的耕地，就是一片茂密的野草。那

时城里人家有套马车驴车拉活的，家里便养了马和驴，这就需要喂草。我和凤山割草就是为了背回来卖给他们，以挣点零花钱。一斤青草二分钱，如果一天割50斤，就能挣1块钱。1块钱，那可是一个月伙食费的九分之一啊，还能买好几本书，看十来场电影呢。

那天，我俩起了个大早，拿着镰刀、绳子，来到东门外。草滩上的青草很茂盛，我们找到一处，就撒开手脚割起来，不一会儿，就割了一大堆。我们学着大人的样子，把割下的草捆成几个小捆，堆在一起。这时，太阳已经很高，我们也累得满头大汗，便坐下来休息，边就着咸菜吃带来的焙子（类似烧饼），边计算今天能挣多少，心里乐滋滋的。

没想到这时却发生了一件事，把我们的美梦惊醒了。正当我俩陶醉在想象中时，突然，不知从哪里冒出来几个膀大腰圆的小伙子，远远地向我们走来，边走边喊："谁这么大胆，跑这儿来割草，不要命了？"

我俩刚站起来，那几个人就到了跟前。为首的一个气哼哼地说："你们是干甚的？"

我如实相告："我们割点草。"

那人说："谁让你们割的？"

我回道："割草还用谁批准吗？"

那人听了，嘿嘿一笑，露出满口板牙："甚？说甚？不要批准？你们知道吗，这是俺们村哈儿的地，草就是俺们的，你敢随便割俺们的草？"

他这一说，我们方知这草还是有主人的，是不能乱割的。但看着费了半天辛苦割的草，心里又舍不得，就求他们，说家里缺烧柴，想割点回去做饭用。

那人根本不听，一口一个"扯球淡"，回头叫道："二蛋，去把草和镰刀都没收了！"

后面一个人上来就要抢我们的镰刀，我俩一看不好，心想，看来草是保不住了，但镰刀可不能丢了，那是借同学的，丢了赔不起。于是，我们互相递了个眼色，猛地回转身子，飞也似地向城门口跑去。大约跑了十几分钟，没见后面有人追来，才停下步子，回头看去，那几个人远远站在那里大声骂着什么，并没有追过来，才放下心来。

真是惊魂一刻。

我俩擦去满头的汗水，悻悻地往回走，庆幸没有被他们抓住，少受一顿皮肉之苦不说，镰刀也保住了，遗憾的是一大堆草没了，白费了半天劲。我俩互相看看，见对方脸上不知什么时候都沾了一脸泥巴，不由哈哈大笑起来。

【相关字词】 青草 草坪 杂草丛生 草草了事

一盒粉笔，一个朦胧的早晨

笔是书写的工具，学习、工作都少不了它。记不得这半辈子用了多少笔了，铅笔、钢笔、圆珠笔、签字笔、毛笔等等。虽然现在用上了电脑，但笔还是不可缺少的，如学生学写字、做作业、考试，生活中写信、做记录，工作中写便条、到银行取钱签字等，更不用说练书法了，那得用毛笔。

笔，和人们生活工作息息相关。

"笔"字是什么时候出现的？可能是在笔产生之后吧，因为从汉字出现的规律来看，大都是先有事和物后有字。我对笔的概念，也是在认识"笔"字之前，其中还有一段故事呢。

那是我刚上学时，大约也就七岁左右。一天，老师上课时拿出一盒雪白的 粉笔，在"黑板"上写字，黑板是用泥抹成的，上面用锅底灰涂抹，坑坑洼洼不说，黑得也不那么纯正。对这些，我倒没有在意，却对老师手中的粉笔产生了极大的兴趣，觉得那雪白的东西真神奇，一划就是一道，几下就出来字了。

因为那时上学坐的是土坯垒的桌子板凳，没有笔和纸，只用折来的树枝在土桌子上写画，粉笔便成了我们这些没见过世面的乡下孩子眼中的稀罕物。

一心望孙成龙的爷爷听我回家念叨老师手中的粉笔，而且很向往的样子，就把胸脯一拍："粉笔？不就是粉笔吗，爷爷给你买！"

爷爷的话，对我来说，真是做梦也没想到的，我当即高兴得跳起来。爷爷还说，等过两天上街卖大麻子，带你一起去，爱买啥样就买啥样的。本来因为爷爷要给买粉笔就高兴得蹦高的我，这下反倒是疑心在做梦。

当时的我还不大相信，连问了三遍："真的？真带我去？"

爷爷拍了拍我的脑袋："小兔崽子，爷爷啥时候哄过你？"

过了几天的一天早上，天还没有亮，爷爷拍打我的屁股让我起来，说该走了。我一骨碌爬起来，穿上衣服就往外跑。外面黑咕隆咚，隐约见院子里停着一辆花轱辘车，车上鼓囊囊地堆起十来个麻袋，那可能就是大麻子了。爷爷坐在车辕上，我坐在麻袋包上，爷爷鞭子一挥，老牛车就"嘎吱嘎吱"地上路了。

正值隆冬季节，天冷得哈口气都可以成冰，我用爷爷的皮袄紧紧裹着身子，龟缩在车上。县城郑家屯虽然离我们村才30里，可我长这么大还是第一次去，县城啥样？大吗？人多吗？听说到街里能下馆子，吃大煎饼，馆子是啥样？煎饼好吃吗？在朦朦胧胧的晨色中，随着车身的摇晃，我迷迷糊糊地想象着，完全忘记了身上的寒冷和被压得发麻的双腿。爷爷怕我睡着，不时推我一下："别睡觉啊，小心掉下来！"

30里路，我们晃悠晃悠地走了大约7个小时，到县城时已近晌午。

那个朦胧的早晨和那天的经历，让我终身难忘。不光是因为第一次进城，第一次看到那么多高高矮矮的房子，街上跑的汽车，而且还下了一回馆子，吃了薄薄的像纸一样的煎饼，这可是我第一次吃啊！更主要的是，爷爷给我买了一盒粉笔。

粉笔雪白，和老师手里拿的一样，装在用硬纸做成的

盒子里，共有二十根。当爷爷把它递给我，嘱咐我好好念书时，我兴奋得紧紧抱着粉笔盒，差一点掉下泪来。

我把那盒粉笔当成宝贝，小心翼翼地用了差不多一个学期，那可是我平生第一次用的"笔"啊。

后来我虽然用过各种各样的笔，但那一盒粉笔，以及那个隆冬朦胧的早晨给我留下的却是难以忘怀的印记。

【相关字词】

铅笔 粉笔 笔画 笔直

"沙"字的联想

sha

沙

小篆

　　"沙"这个字很好玩，它既是个形声字，又是个会意字。偏旁是水，右边是少。少和沙，都是同一个声母，这是形声字的特点；少水，就容易造成干旱，干旱就容易土壤沙化，长期严重沙化就形成沙漠，世界上有名的如撒哈拉大沙漠、塔克拉玛干大沙漠都是因当地常年降水量少而形成的，这是会意字的特点。形声和会意同时兼备的汉字不少见，"沙"字是其中一个。

　　我对沙很有感情，因为我来到这个世界第一个接触的就是沙子。

　　我老家在内蒙古东部科尔沁草原，说是草原，其实没有多少草，小时见到的最多的倒是白亮亮的沙坨子。我们那里生孩子，在我们那一辈以及我们以前的祖祖辈辈，都是在家里由村子里的接生婆来接生。生时是把细细的沙子铺在土炕上，经炕火加温后，母亲们就在沙子上把孩子生下来，我也是那样出生的。所以说，当我呱呱坠炕时，自然就先掉到沙子上，第一个亲密接触的就是土炕上温热的沙子，是不是啃了一嘴沙子不知道，但滚了一身沙子肯定是免不了的。

　　因为家乡是个沙坨环绕的小村，自小便常和沙子打交道。在还是光着腚尿尿和泥玩的年龄，最喜欢玩的地方就是村西的查干芒哈（汉意白沙坨子）。那是一个高耸的土包，上面全是白白细细的沙子，我和村里同龄的小伙伴们常到那里，爬上坨包的顶部，然后顺着45度的斜坡滚下来，一直

滚到坡底，然后再爬上去，再滚，一次又一次。细细的、柔柔的、温温的沙子伴着我的孩提时代，给了我无尽的乐趣，以致如今到了古稀之年，看到建筑工地上用来搅拌水泥的沙土，也有一种难以名状的亲切感，不由捧起一把放在鼻子边嗅一嗅。

沙里淘金

沙子没有污染，不藏细菌，很干净（所以生孩子用它）。沙子还有很多用途，比如，搞建筑少不了它，制玻璃更不能缺它。沙子里还有金砂，人们用水滤几遍就能淘到金子，就是所谓的"沙里淘金"。

可它也有发飙的时候，那就是每到春天，风一刮，沙土就漫天飞舞起来，弄得昏天黑地，甚至把刚出土的庄稼都掩埋了，造成"沙灾"，造成粮食减产，更把好端端的土地、草原沙化，变得荒芜，甚至变得寸草不生。这就有些不招人喜欢了。所以，人们就要制服它，办法是栽树种草，把沙子固定住，让它老老实实地呆在一个地方，不要随着风乱跑乱飞。内蒙古是沙化严重的地方，每年刮起的黄风夹带着沙土，都能刮到北京，甚至上海、日本。好在经过多年的努力，沙土慢慢被治住了一些，但根本制服还得一些时日。

婆娑起舞

古人发明"沙"字，很有讲究，它就像个配菜的佐料，可以搭配出各种意思不同的字，使汉字更加丰富多彩。沙字下面配上个衣字，就是袈裟，和尚们在外面披的法衣；下面配个手字，就成扎挲（把手张开的意思）、摩挲（用手轻轻按着移动）；如果配个鱼字，就成了鲨鱼的鲨；可如果把沙字放在"疒"旁里，那就有些不妙了，成了中医指的霍乱、中暑等急性病了；不过，加上个草字头，是很美妙的，姑娘们往往拿它作名字里的字，如李莎莎、娜达莎等；当然，要是加上女字，那就是婆娑起舞、树影婆娑，自是美轮美奂。

一盘散沙

今人对沙子，既爱又烦，也可以理解。沙子也和世间万物一样，能为人类造福，也会带来危害，就看怎么对它了。我喜欢沙子，但烦沙尘暴；喜欢它干净得了无灰尘，洁身自好，厌恶它的不守纪律，到处随风飘飞，把良田变成沙漠，把沃土扫荡殆尽；喜欢它甘作奉献，用身体给人类造福，讨厌它不团结，没有凝聚力，老是"一盘散沙"……

人离不开某种东西，就要接受它带给你的一切，包括好的和不好的。细细端详"沙"字，浮想联翩，还真是悟出了不少道理。

193

汉字大联欢

  龙年春节前，上百个汉字举行了一次大联欢。倡议者是"兔"字，因为在兔年春节时，"虎"字曾力主为"兔"字开过欢迎会。主办者是百家姓开头的"赵钱孙李"四大姓，尤其是"钱"姓，所有花销全由它埋单。它说，百家姓把我们放在最前面，是尊重我们；况且，凭着党的好政策，我"钱"字腰杆硬了腰包鼓了，出这点力，义不容辞，以后每年的活动费用我全包了。

  腊月二十三晚，字典大礼堂灯火辉煌，字声鼎沸。主席台上，站着四个彪形大字：欢、度、春、节，它们是本次联欢的主持。首席主持"欢"走上前，手持麦克风道："首先，让我们以热烈的掌声欢迎'龙'字上台！"此时，早已准备好的"兔"字挽着穿着盛装的"龙"字缓步走上主席台，全场响起雷鸣般的掌声。"欢""度""春""节"四个字迎上前，把"龙"字抬起来，在一片欢呼声中请它坐在主席台正中的一张高高的座椅上。身着金黄色滚龙长袍、头戴红色"福"字宽沿帽的"龙"字双手合十，微笑着向台下频频点头致意。激昂的音乐响起，"欢迎""欢呼""欢庆""欢乐"四个女少先队员奔上主席台，向"龙"字献上花篮，花篮上缀着八个大字：龙年吉祥，万事如意。

  掌声和欢呼声再次响起，联欢会掀起第一波高潮。

  接下来"龙"字讲话。它走下座位，向台下深深鞠一躬："谢谢各位字兄字弟，我没有什么好说的，只把我的几个孙子介绍给大家，它们代表的意思，就是我的心意。"说着，向台下一挥手，呼啦啦就上来盛装的四个词："龙腾虎跃""龙飞凤舞""龙马精神""龙盘虎踞"。它们一个个精神抖擞，在主席台上连连翻滚腾挪，跳起欢快的龙舞。"龙"说，"兔老弟一年辛苦，在新的一年我定要更加努力，把汉字的工作做好。同时，借此机会，我想隆重地推荐一位兄弟，作为今年年度模范，它就是'控'字。在兔兄弟坐庄的一年，'控'做出了巨大贡献，控物价、控通胀，受到媒体和大众的热捧，大家看怎样？"

字们齐声叫道："好，同意！"

这时，去年被评为模范的"涨"字走上台，把一面上书"年度模范"几个字的小红旗交到"龙"的手里，"控"高兴地从"龙"手中接过红旗，向台下尽情地舞动，字群又是一片欢腾。

这时，礼堂门口传来一阵乱哄哄的吵闹声，"欢"问怎么回事，把门的"卫"字道："有几个字要进来，我没让，他们要闹事！"欢"问都是什么字。"卫"说领头的是"贪""贿"，后面还有"腐""臭""乱""坏"好多呢。"欢"说，让它们进来吧，虽然它们名声不好，去年曾规定不许他们参加，但我想今年应该改一改，可以让它们进来受受教育，大家看行吗？

字们齐声道：行！

进来的里面有个"药"字，它进门后走上台，深深向台下鞠躬道："对不起，我本来是担负着救死扶伤的重任，可这几年我的价格老涨，百姓怨声载道，这不是我的本意，都是医改没改好弄的，再加上又出了个'药家鑫'，撞人又捅死人，真给我们'药'字丢脸，我决心……"说着已是一把鼻涕一把泪了。

"欢"说："好了，今天是喜庆的日子，不要搅了气氛，

只要你们多为人民做好事，我们还是欢迎的。下面的节目，是我们"欢度春节"几个主持人的一些晚辈的大合唱《高高兴兴迎龙年》。"

台下哗啦啦站起一帮字，向台上拥去。有欢庆、欢呼、欢腾、欢笑、欢歌、欢喜；度过、度日、度量、度数、度碟；春风、春光、春雨、春花、春色、春装；节日、节俭、节气、节省、节目、节奏，等等。大合唱气势雄伟，声震礼堂，底下的字们受到感染，齐声配合，甚至有的字边唱边拍手助威。

联欢会掀起又一波高潮。

接下来是舞会，字们纷纷涌入舞池，合着欢快的乐曲翩翩起舞。其中有一对是"关"字和"民"字的晚辈"关注"和"民生"，他们的舞姿飘逸轻盈，赢得字们连声叫好。一直在角落里的"贪""贿"等几个字见没有字邀请它们跳舞，只好灰溜溜地提早走了。

大联欢一直到午夜十二点，才在《难忘今宵》的乐曲声中结束。

汉字的情感色彩

有一天，小明和小华兄弟俩在街上遇到了邻居张大爷，小明问："张大爷，你干啥去呀？"张大爷脸色有些阴沉："不干啥！"说完径直走了过去，没有理睬小哥俩。小明不解："张大爷这是咋啦？不高兴？"小华神秘地笑道："你得罪他了！"小明更不解："我咋得罪他了？"小华说："你用错了称呼，应该问'您干啥去'，而不应该说'你干啥去'。"小明不以为然道："这有啥区别，这老汉，真怪！"

其实，小明确实用错了称呼。汉字由于其丰富性，可以形成斑斓多姿的词汇，表达出不同的意思。同一个字用在不同的地方，同一件事用不同的字词表示，都有讲究。就比如"你"和"您"字，都是称呼对方的代词，但在使用时却有细微的差别。"你"泛指对方，一般是指平辈或晚辈；"您"则带有尊敬的意思，一般用在长辈或值得尊敬的人身上。张大爷是长辈，小明自然应以尊称称呼他。一般人在这些细枝末节上不会太在意，可张大爷是个自尊心很强的人，又刚从领导岗位上退下来，对人对事很敏感。平时就讲究尊卑有序，很注重一些细节，听惯了"您"的他，今天猛然听到"你"，而且是从一个乳臭未干的毛孩子口中冒出的，焉能不火？

这样的例子很多。比如，"个"字和"位"字，都有同一个意思：数量，但在使用时又有细微的不同。比方泛指一个人和事，就不能说"一位人"、"一个故事"也不

nín
您
篆 小篆

nǐ
你
休 小篆

能说成"一位故事"等。"位"字也有尊敬的含义，一般用在德高望重者或长辈上，如"他是一位模范教师""欢迎各位校长来我校参观指导"等。相反，如果一位老师称"×××这位同学"，倒不是不可以，但仍嫌有些不妥。

有一个小笑话：一个人好拽文，说话总是文绉绉的，有一天去参加一个同事小孩满月宴席，当主人把胖乎乎的小孩子抱让众人看时，他走上前摸着孩子的小脸道："这位小朋友真漂亮啊！"，引得众人大笑不止。

对同样的事物，所用字词也有区别，体现了汉字在使用上的情感色彩。比如"上厕所"这件事，说法不尽相同，使用的字词也五花八门。古时称"出恭""如厕"，粗俗点的直奔主题"拉屎""撒尿"，后来进化为较文明的"上厕所""方便""解手"（有些女生还自造"上一号"一说）。现在一般大饭店、大会堂、大商场等重要的公共场所，都把"厕所"改称"洗手间""卫生间"了，人们也就渐渐习惯说"去'洗手间'""上'卫生间'"了。这种称谓上的变化，体现了人们文明程度的提高，也显示出汉字多义性的丰富多彩。试想在一个豪华套间，大家在美酒佳肴中正杯盘狼藉之际，突然有人站起来说"我要上厕所拉泡屎"，那该是一件多么扫兴且难堪的事情啊！

汉字里面有爱恶，也有情感，细细咀嚼汉字，品味其中的奥秘，是一件其乐无穷的事情。大家都可以找一找，这样的字词还有哪些。